11.00

JOHANN LADISLAUS DUSSEK

Da Capo Press Music Reprint Series
GENERAL EDITOR
FREDERICK FREEDMAN
VASSAR COLLEGE

JOHANN LADISLAUS DUSSEK

DUSSEK
Seine Sonaten und seine Konzerte

BY LEO SCHIFFER

DA CAPO PRESS • NEW YORK • 1972

Library of Congress Cataloging in Publication Data

Schiffer, Leo, 1890-
    Johann Ladislaus Dussek; seine Sonaten und seine Konzerte.
    (Da Capo Press music reprint series)
    Reprint of the 1914 ed.   2.
    1. Dussek, Johann Ladislaus, 1760-1812. Works, instrumental.
ML410 .D96S3 1972   785'.0924   79-168672
ISBN 0-306-70266-5

Published by Da Capo Press, Inc.
A Subsidiary of Plenum Publishing Corporation
227 W. 17 St., New York, New York 10011

JOHANN LADISLAUS DUSSEK

Johann Ladislaus Dussek,

seine Sonaten und seine Konzerte.

Inaugural-Dissertation

zur Erlangung der Doktorwürde
der philosophischen Fakultät (I. Sektion)
der K. Ludwig - Maximilians - Universität
zu München

vorgelegt von

Leo Schiffer.

Druck von Robert Noske, Borna-Leipzig
Großbetrieb für Dissertationsdruck
1914.

Eingereicht am 13. Juli 1914.

———

Genehmigt auf Antrag des Herrn Professors Sandberger.

———

Tag der mündlichen Prüfung: 23. Juli 1914.

Meiner lieben Mutter.

I. Biographie.

1. Dusseks Jugend- und Wanderjahre.

Die Dusseks waren eine weitverzweigte Musikerfamilie, ähnlich wie die Bachs. Der Name ist ursprünglich Dussik. Dussek nannten ihn zuerst der besseren Aussprache wegen die Franzosen. In vielen Lexika finden wir auch noch Duschek. Diesen Namen erhielt unser Künstler, wenn wir dem Zeugnis Pio Cianchettinis, des Neffen, Glauben schenken, in London.[1] Die Vorfahren spielten in der Geschichte der Kgl. Kreisstadt Königgrätz, wo sie als Räte und Primatoren agierten, von 1472 bis 1497 eine große Rolle.[2] Der Vater Dusseks ist zu Mlazowicz im Kreise Bildschow (Böhmen) 1739 geboren als der Sohn eines Wagenmeisters. Seinen Vater hatte er schon mit 10 Jahren verloren. Deshalb schickte ihn seine Mutter Elisabeth geb. Schreiner zu seinem Onkel Johann Wlachs, wo der Knabe seine Schul- und Musikausbildung erhielt. Später vertrat er seinen Onkel oft als Präzeptor und blieb auch nach Beendigung seiner Lehrzeit noch verschiedene Jahre aus Dankbarkeit bei ihm. Mit 16 Jahren schon wurde er wegen seiner außerordentlichen Fähigkeiten Elementarlehrer bezw. Schulgehilfe in Langenau, wo er auch im Generalbaß unterrichtete.

---

[1] Verschiedene Notizen zur Biographie verdanke ich der Liebenswürdigkeit des Herrn Karel Hulka, Bürgerschuldirektor und Musikschriftsteller in Czaslau (Böhmen), der sich mit dem Leben Dusseks befaßt hat. Hulka teilte mir mit, daß zu Dusseks Lebzeiten in Czaslau ein Mann lebte, der wegen seiner Sonderbarkeiten den Namen „der Philosoph von Czaslau" trug, Joh. Ferd. Opitz. In dessen Tagebuch lesen wir: „Die Veranlassung zur Veränderung des Namens Dussik in Dussek gab der vorige Preußenkönig noch als Kronprinz. In seinen Diensten stand der Künstler bis zum Jahre 1786 mit 300 Talern jährlichen Gehalts. Dieser nannte Dussik nie anders als Dussek, wollte auch nicht zugeben, daß er sich anders schreiben sollte.

[2] Das Folgende nach Dlabacz, Tonkünstlerlexikon für Böhmen S. 345 ff.

Nach drei Jahren vertauschte er dieses Amt mit dem eines Musiklehrers in Chlumencz. Sein gutes Orgelspiel, das bald die Aufmerksamkeit auf sich zog, verschaffte ihm die Stelle eines Organisten und Chordirektors an der Dekanalkirche zu Czaslau 1759, also im Alter von 20 Jahren. Hier hat er mit rastlosem Fleiße seine Bildung vervollkommt, des Nachts studierte er die Werke von Caldara, Bach und Fux. Dabei vernachlässigte er seine Berufspflichten nicht. Als Lehrer war er vorbildlich, die Jugend verehrte ihn wie ihren Vater. Am 9. Mai 1760 vermählte er sich mit Veronika Stebeta, der Tochter eines Richters Joh. Stebeta. Dieser Ehe entstammen drei Kinder, Johann Ladislaus, unser Künstler, als Erstgeborener, Franz Benedikt und eine Tochter Veronika Rosalia. Der alte Dussek versorgte sein Amt noch treulich bis drei Jahre vor seinem Tode, der 1811 erfolgte. Er hat auch komponiert, aber seine Werke sind alle Manuskripte geblieben, darunter: eine Messe, zwei Litaneien, ein „regina coeli", Klaviersonaten, Fugen, Tokkaten.[1]

Nun von seinem berühmten Sohne, Johann Ladislaus oder Ludwig. Unser Meister erblickte das Licht der Welt, als sein Vater zwei Jahre in Czaslau tätig war, am 9. Februar des Jahres 1761.[2] Der aufgeweckte Knabe hatte das Talent von seinem Vater, der ihm auch den ersten Unterricht gab. Seinen Vater setzte er in Erstaunen, denn er versichert uns, daß er mit fünf Jahren geläufig Klavier und mit neun Jahren die Orgel spielte.[3] Auch verfügte der Knabe über eine gute Stimme, weswegen er auch im Gesang unterrichtet wurde. Hierin machte er bald so gute Fortschritte, daß er als Chorknabe, Diskantsänger, nach Iglau in Mähren kam. Hier war es Ladislaus Spinar, ein Verwandter von ihm, der ihn weiter unterrichtete. Er bezog dann das Neustädter Gymnasium zu Prag. Herr Prof. Dr. Rietsch in Prag hatte die Liebenswürdigkeit, mir aus dem Universitätsarchiv folgendes Zeugnis mitzuteilen:

---

[1] Wo seine Werke zugänglich sind, darüber fehlt jede Gewißheit; in Eitners Quellenlexikon wird die Existenz der Werke als fraglich hingestellt.

[2] Hulka teilte mir mit, daß Dussek selbst später ausdrücklich versicherte, er sei am 12. Februar geboren.

[3] Grove, Music and Musicians Bd. 1 S. 750.

Auszug
aus dem Catalog der VI. Klasse des Neustädter Gymnasium zu
Prag vom Jahre 1777.

Dussik, Johann Ladislaus, 17 Jahre alt, aus Czaslau, böhmisch,
sein Vater ist Organist, lebt teils bei seinen Eltern, teils in
Emaus. Ein gutes Talent.

Semester	Fortgang in Sitten	Fortgang im Studium	Im Buch der Ehre	Im Buch der Schande	Anmerkung
Bis zur österlichen Prüfung	1	1	2	—	Fleißiger sollte er sein
Von da zur Schlußprüfung	1	1	3	—	Ein treffliches Talent, an Fleiß mangelt es.

gez.: Johann Dirix v. Brugh u. Rottenberg,
Lehrer derselben Klasse.

Auszug
aus dem „catalogus logicae studentinum"
pro anno 1778.

Nomen Dussik, Johannes	Annorum 18	Patria Czaslavia	Idioma Boh.	Humanora Nov. Pragae	Sustentatio solact

Status electio	Habitatio	mores	classis in Studiis Examen paschale	Examen finale
ad. Cisterciensas	Neustadt No. 223		secundam	

Nach Absolvierung des Neustädter Gymnasiums wandte er
sich zur Universität, um Philosophie zu studieren. Er studierte
jedoch nur ein Semester.[1] Damit ist auch die Angabe, die
z. B. Riemann in seinem Lexikon S. 357 macht, er habe sich
die philosophische Magisterwürde erworben, hinfällig.

Auch müssen wir in dieser Zeit einer kleinen Episode gedenken, ohne deren guten Ausgang uns der Künstler vielleicht
für immer wäre entzogen worden. Dussek wollte nämlich nach

---

[1] Mitgeteilt vom Universitätsarchiv.

Beendigung seiner Studien in ein Kloster treten; und zwar hatte
er sich den Zisterzienserorden erkoren, allein seine Jugend hinderte
die Aufnahme im Stifte Saar.[1]) Einen ähnlichen Vorgang bemerken wir bei Berlioz, der auch einmal allen Ernstes daran
dachte, sein Leben als Mönch zu beschließen. — Dussek war ein
etwas komplizierter Charakter, im Grunde eine heitere und
liebenswerte Natur. Alle, die ihn kannten, wußten ihn seiner
trefflichen Eigenschaften wegen zu schätzen und kannten keinen
Fehler an ihm, außer seinem grenzenlosen Leichtsinn, der ihn
häufig in unangenehme Lagen brachte.

Unser Meister war jetzt einige 20 Jahre alt. Wie Beethoven
bei den kölnischen Kurfürsten Max Friedrich und Max Franz
Unterstützung zu einer Reise nach Wien fand, so begegnete
Dussek seinem ersten Gönner in dem Grafen Männer, Hauptmann
der Artillerie. Dieser hochgebildete und feinsinnige Mäcen hat
also den Vorzug, das junge Talent zuerst erkannt und gefördert
zu haben, indem er Dussek mit auf Reisen nahm, wobei viele
bedeutende Orte berührt wurden, die alle die ersten Stätten des
Ruhms wurden.[2]) Die Reise wandte sich nach den Niederlanden.
Es ist vielleicht am Platze, hier eine kleine Episode einzuschalten,
die dem Tagebuch des „Czaslauer Philosophen" Opitz ent-
nommen ist.[3])

„Als ganz junger Mann war er nach den Niederlanden ge-
kommen, wo er die Kinder des österreichischen Erbstatthalters
in Musik unterrichtete. Im Kreise des Statthalters hatte er
Gelegenheit, vor Kaiser Joseph II., der unter dem Namen eines
Grafen von Falkenstein die Niederlande bereiste, zu spielen; der
Statthalter stellte Dussek als österreichischen Untertan vor,
worauf der Kaiser an den Künstler die Frage richtete, warum
er eigentlich sein Vaterland verlassen habe. ‚Weil ich mich
gefürchtet habe, zum Soldatenstand gezwungen zu werden', er-
widerte Dussek. Hierauf antwortete Kaiser Joseph: ‚Auch in
den österreichischen Staaten weiß man Talente zu schätzen und
Ausnahmen zugunsten der Künstler zu machen'."

---

[1]) Dlabacz, Lexikon für Böhmens Tonkünstler.
[2]) Ehrlich, Berühmte Klavierspieler S. 87.
[3]) Von Hulka in liebenswürdiger Weise mitgeteilt.

In den Niederlanden verbrachte Dussek die erste Periode seines Lebens. Sein Ruf als Klaviervirtuose verbreitete sich sehr schnell, von weit her kam man, um ihn zu hören, von dessen Kunstfertigkeit man sich die unglaublichsten Dinge erzählte. In dieser ersten Zeit als konzertierender Künstler vernachlässigte er auch die Orgel nicht. So fungierte er noch als Organist in Malines und Berg op Zoom;[1]) letztere Stelle war seine letzte Organistenstelle. Die vollendete Technik auch auf der Orgel hat den Stil seiner Klaviersonaten verschiedentlich beeinflußt.[2]) Daß die Gottesdienste in den Kirchen, in denen Dussek spielte, eigentlich mehr Konzerte waren, und daß die meisten Leute nur deswegen hinkamen, läßt sich leicht erklären. Das Klavier nahm natürlich die erste und bedeutendere Stellung ein. In Amsterdam und im Haag trat er mit großem Beifall auf. In letzterer Stadt erschienen seine ersten Kompositionen, 3 Klavierkonzerte und 12 Sonaten für Klavier mit Begleitung einer Violine.[3])

Aus diesen Erstlingen seiner Muse ersieht man schon, mit welcher Leichtigkeit er seine Werke niederschrieb. Wegen der zunehmenden Unsicherheit infolge des Krieges verließ er nach kurzem Aufenthalt die Niederlande wieder.[4]) Nun stand zwar seine Künstlerschaft und speziell sein technisches Können schon auf einer ziemlich hohen Stufe, aber gewissenhaft, wie er in Sachen der Kunst war, hielt er es für angebracht, nochmals bei einem tüchtigen Meister in die Schule zu gehen, seinem Spiele die letzte Feile zu geben und von dem Rat eines erfahrenen Mannes zu profitieren. Dieser war kein Geringerer als Philipp Emanuel Bach, den er 1783 zu Hamburg aufsuchte.

In Hamburg herrschte um die Mitte des 18. Jahrhunderts ein reges Konzertleben. Über die Musikzustände dieser Zeit werden wir durch Joseph Sittards Werk „Geschichte des Konzertwesens in Hamburg" (Leipzig 1890) unterrichtet.

---

[1]) Grove, Musik and Musicians Bd. 1 S. 750.
[2]) Hierüber im zweiten Teil.
[3]) Als op. 1 bezeichnet und besprochen in Cramers Magazin Bd. 1 S. 77.
[4]) Ehrlich, Berühmte Klavierspieler S. 87.

Das Geburtsjahr Dusseks 1761 bezeichnet einen wichtigen Wendepunkt im Konzertleben Hamburgs. Am 14. Januar wurde „der zur Musik neu erbaute, auch zur erforderlichen Wärme bequem eingerichtete geräumige Saal, belegen auf dem Kampe, in der Mitte der daselbst neu erbauten Häuser" durch „ein vollständiges Konzert mit Instrumental- und Vokalmusik" eingeweiht.[1] Seit diesem Jahre wächst die Zahl der öffentlichen wie auch der Privatkonzerte außerordentlich.

Nachricht über eine Betätigung Dusseks bei einem öffentlichen Konzert finden wir im „Hanseatischen Magazin" Bd. 4 S. 60 ff.:

„. . . an einem Abend des vorigen Winters (1799) hörten wir in einem Sinfoniekonzert die Stimmen eines Fischers, Garellis, einer Righini, Giornowichis Violine, Dusseks Fortepiano, Rombergs Violoncell usw."

Am 12. Juli 1782 gab Dussek „auf einem englischen Fortepiano ganz neuer Erfindung" im Konzertsaal ein Konzert, er trat überhaupt öfter in Hamburg auf.[2]

Bach wird einen gelehrigen Schüler in ihm gehabt haben, die Kunst des Altmeisters ist nicht ohne Einfluß auf Dusseks Stil geblieben, wie wir im zweiten Teil sehen werden. Der Aufenthalt in Hamburg hat jedoch nicht länger wie von 1783 bis 1784 gedauert.

Von Hamburg aus wandte sich Dussek nach Berlin und stand hier, wenn wir den Tagebuchaufzeichnungen des „Czaslauer Philosophen" Opitz Glauben schenken,[3] im Dienste des Preußenkönigs bis 1786 mit einem Jahresgehalt von 300 Talern. In Berlin selbst wie auch in anderen Städten erregten seine Konzerte sowohl auf dem Klavier als auch auf der Glasharmonika, einem damals bei den Künstlern sehr beliebten Instrumente, Aufsehen.[4]

Noch vor der Hamburger Zeit oder während derselben scheint er in verschiedenen andern Städten Deutschlands kon-

---

[1] Sittard ebenda S. 82.
[2] Sittard a. a. O. S. 182.
[3] s. Anm. 1 S. 1.
[4] Riemann, Lexikon S. 357.

zertiert zu haben. Gerber schreibt darüber[1]): „Es war um das
Jahr 1784 zu Berlin. Mit Vergnügen erinnere ich mich noch,
1783 zu Cassel Zeuge von der außerordentlichen Fertigkeit,
Präsizion und Geschwindigkeit beider Hände dieses großen
Künstlers auf dem Pianoforte und seines gelehrten und einsichts-
vollen Spiels auf der Klavierharmonika gewesen zu sein. Er
reiste damals, um dieses Instrument, welches den Herrn Techniker
Hessel zum Erfinder hat, hören zu lassen. Es war von der gewöhnlichen Harmonika durch nichts unterschieden, als daß er
die Glocken durch einen Fußtritt, der durch eine Schnur mit
ihnen verbunden war, in Bewegung setzte, und daß die Glocken
statt an einer an drei Stellen nebeneinander liefen, um sie wegen
der Tasten näher beieinander zu haben".

In Berlin war Dussek wegen seines Klavierspieles berühmt.
Rellstab schreibt darüber in seinen „Reminiszenzen"[2]): „Der
berühmteste Spieler in Berlin, besonders in bezug auf Sauber-
keit, Eleganz und Delikatesse, war Hummel, ein Mann, der von
Natur aus der Mittelpunkt in allen musikalischen Salons sein
sollte. Aber n o c h g r ö ß e r ganz sicher war D u s s e k, sowohl
als Virtuose wie als Komponist, dessen eminente technische Fähigkeiten eine bessere Grundlage boten für die verschiedensten An-
lagen. Da er sich ein größeres Verdienst für den Siegeslauf des
Klaviers erwarb als die meisten seiner Zeitgenossen, nahm er
im Musikleben Berlins eine Stellung ein, die jetzt noch vielen
in Erinnerung ist. Er hatte einen europäischen Ruf und nimmt
in der Musikgeschichte einen Platz ein, den Himmel trotz seiner
Veranlagung und lokalen Ruhms nicht einnehmen kann". —

Bedeutende Konzerte gab Dussek 1785 in Mainz, wo er sich
der Gunst des hohen Adels erfreute. Kapellmeister Ernst, gewiß
eine maßgebende Persönlichkeit, spricht in einem Brief an seinen
Vater von dem jungen Dussek sehr schmeichelhaft, er habe nicht
nur vor der ganzen sächsischen Kapelle, sondern auch vor dem
Kurfürsten selbst und dem ganzen Dresdener Hof außerordentlich
gefallen.[3])

---

[1]) Historisch-biographisches Lexikon S. 366.
[2]) „Berliner Musikztg." 1850.
[3]) Mitgeteilt von Hulka.

Von Berlin aus wandte unser Künstler sich nach Peters-
burg, wo es ihm so gut gefiel, daß er hier längere Zeit zu verweilen gedachte. Auch in der russischen Hauptstadt war er
bald der gesuchteste Mann in allen feineren Musikgesellschaften.
Auf der Reise nach Rußland lernte Dussek einen polnischen
Prinzen, Sopiehá, kennen, der unsern Künstler mit sich nahm
als Kapellmeister auf seine Güter, die in Lithauen lagen; Dussek
bezog ein monatliches Gehalt von 40 Gulden nebst Kost und
Wohnung.[1])

In diese Zeit dürfte ein galantes Abenteuer seines romantischen Lebens zu verlegen sein. Dussek brachte nämlich eine
gewisse Zeit mit einer fürstlichen Geliebten auf dem Lande zu,
ganz in der Einsamkeit. Die Angelegenheit dürfte wohl niemals
ganz aufgeklärt werden. Wenn Oskar Bie[2]) von „jahrelangem"
Aufenthalt spricht, so ist das jedenfalls übertrieben. Unger[3])
hält sogar zwei Jahre für zu hoch gegriffen.[4])

Unter den Gästen, die beim Fürsten ein- und ausgingen,
befand sich auch der Hofmeister des französischen Gesandten in
Berlin. In Begleitung dieses Diplomaten reiste Dussek 1786
zum ersten Male nach Paris. In der französischen Hauptstadt
blühte um diese Zeit das Konzertwesen außerordentlich. Es gab
neben öffentlichen Konzerten eine Reihe von Privatkonzerten.
Die vornehmen Adligen wetteiferten, die bedeutendsten Künstler
in ihren Salons zu sehen. Namentlich das Palais des Fürsten
von Conti, in dem auch der junge Mozart spielte, zog viele
Künstler an.[5]) Andere bedeutende Mäcenaten waren z. B. der

---

[1]) Mitgeteilt von Hulka.

[2]) Das Klavier und seine Meister S. 143.

[3]) „Neue Musikztg." Stuttgart, 29. Jan. 1914.

[4]) Über diese Liebesaffäre des Künstlers teilte Hulka mir folgendes
mit: „Die Geliebte soll die Gattin des Fürsten Radziwill gewesen sein, bei
dem Dussek auch vorübergehend engagiert war. Mit dieser Dame soll Dussek
zwei Jahre auf einem Schlosse bei Hamburg gelebt haben. Sie war eine
geborene Fürstin von Thurn-Taxis. Als der Aufenthalt entdeckt wurde,
reiste sie nach Regensburg, dort fand auch bald die Aussöhnung mit dem
Gatten statt". —

[5]) Brenet, Les concerts sous l'ancien régime en France, Paris 1900,
S. 349.

Minister Ludwigs XV., der Herzog von Aignillon, der eine große
Musikbibliothek besaß, Graf d'Albert, dessen „petits concerts
delicieux" berühmt waren, der Marschall v. Noailles, dessen
Konzerte unter der Direktion Stamitz' bedeutend wurden,[1]) und
der Baron v. Bagge, der sich rühmte, jeden Virtuosen, der nach
Paris kam, gesehen und gehört zu haben. Verschiedene Musik-
vereinigungen veranstalteten öffentliche, regelmäßig stattfindende
Abonnementskonzerte; so waren z. B. „Les concerts d'Amis" und
„Les concerts des Amateurs" (1769 von Gossec gegründet) die
berühmtesten. Letztere wurden abgelöst durch die „Concerts
de la Loge olympique", die 1786, also gerade als Dussek nach
Paris kam, für ihre Abende einen Saal des „Palais des Tuilleries"
erhielten. Hier pflegte der ganze Hof zu erscheinen, und zwar
in großer Toilette; die Musiker selbst erschienen „in gestickten
Röcken mit Spitzenmanchetten, den Degen an der Seite und den
Federhut auf dem Kopfe".[2]) Im selben Jahre gab auch die
„Société d'émulation" im großen Saale des „Hôtel de Bouillon"
Konzerte, die um 2 Uhr des Mittags begannen. Weitere öffent-
liche Konzerte wurden von der „Société des Enfants d'Apollon"
gegeben, die seit 1784 nur die Stücke der Mitglieder aufführte.[3])
Sehr beliebt waren auch die „Concerts de bénéfice", in deren
Programmen wir bekannte Namen, wie Giorgi, Fränzl, Punto,
finden.[4]) In Paris war Dussek schon ein ziemlicher Ruf vorausgegangen; bei seiner Ankunft empfing ihn der ganze Hof wie
einen Fürsten. Die nachmals so unglückliche Königin Maria
Antoinette, die er durch sein Spiel entzückte, schenkte ihm ihre
Gunst.[5]) Dussek ehrte später ihr Andenken durch eine Komposition „La morte de Maria Antoinette".[6]) Dussek stand in Paris
bereits auf dem Höhepunkt seines Ruhms. Er hat durch sein

---

[1]) Brenet, Les concerts en France S. 353.
[2]) Brenet, Les concerts en France S. 365.
[3]) Ebenda S. 366.
[4]) Ebenda S. 371.
[5]) Ehrlich, Berühmte Klavierspieler S. 87.
[6]) Diese Komposition, die wohl in Gerbers Lexikon zitiert wird, scheint
nicht mehr zu existieren oder wird ihm vielleicht fälschlich zugeschrieben.

Spiel viel zur Hebung des Geschmacks und zur Entwicklung des modernen Klavierspiels in Frankreich beigetragen.[1])

Dusseks Bruder Franz bekleidete in Mailand das Amt eines Musikdirektors und hatte auch als Opernkomponist einige Erfolge gehabt. Joh. Ladislaus besuchte ihn von Paris aus. Franz hatte Gelegenheit, Zeuge der Berühmtheit seines großen Bruders zu sein, der hier als Klavier- und Harmonikaspieler auftrat und überall, namentlich in Mailand, stürmisch bejubelt wurde.[2]) Jedoch war auch hier sein Aufenthalt nur vorübergehend, bald trieb es unsern Künstler wieder nach Paris zurück,[3]) das er selbst lieb gewonnen hatte. In der französischen Hauptstadt hatte er ein sorgenfreies Leben, bis er, als es ihm in dem Tumulte der Revolution zu unsicher wurde, nach England übersiedelte.

2. Die Londoner Zeit.

Dusseks Aufenthalt in London währte von 1790 bis 1800. Diese Zeit stellt in der auf- und absteigenden Kurve seines Lebens den Höhepunkt dar. Seine Beliebtheit in London wuchs ständig, und da er sich schnell in die dortigen Verhältnisse einzuleben verstand, entbehrte er bald nichts mehr, so daß er es nicht bereute, die französische Hauptstadt mit der englischen vertauscht zu haben.

London war zu dieser Zeit ein internationales Zentrum für Musik. Die Anzahl der privaten und öffentlichen Konzerte war ins Ungeheuerliche gestiegen. Die „Morning chronicle" vom Januar 1791 schreibt: „Wir sind mit einer Musiküberschwemmung bedroht, so beunruhigend, daß es schwer fallen wird, deren Wirkung vorzubeugen. Es wird schwer genug sein, unsere Ohren zu verstopfen, wenn wir auch nicht unsere Taschen zugleich wahren". — Schon lange gab es in London periodisch festgelegte Konzerte. 1764 sind die „Bach-Abel-Konzerte" in hoher Blüte.

---

[1]) Langhans, Musikgeschichte Bd. 2 S. 455.

[2]) Pohl, Allgemeine deutsche Biographie Bd. 5 S. 495; Eitner, Lexikon S. 291; Grove, Music and Musicians Bd. 1 S. 751.

[3]) A. Méreaux (Les clavecinistes de 1637—1790) gibt an, daß er erst 1788 aus Italien zurückkehrte (S. 80).

Jedoch Ende der 70er Jahre beginnen diese zu verschwinden, das letzte Konzert fand am 9. Mai 1781 [1]) statt. Die „Salomon-Konzerte" gewannen nun immer mehr an Bedeutung. Seit 1786 wurden sie versuchsweise eingeführt, von 1791 an waren sie stabil. Die Salomon-Konzerte fanden in den „Hannover square rooms" statt. Im neuen Saale in Tottenhamstreet fanden die vom König besonders protegierten Konzerte für alte Musik statt (Concerts of ancient music). Die Hofkonzerte fanden im Buckingham House zu Windsor oder beim Prinzen von Wales im Carlton House statt. Außerdem gab es noch die Konzerte des Adels: die „Nobility concerts" am Sonntag abend und die „Ladies concerts" am Freitag abend.

In dieses Konzertleben kam nun also Dussek. Bereits 1790 war er mit Gyrowetz engagiert.[2]) In Pohls Werk „Haydn in

---

[1]) Pohl, Haydn in London S. 16 ff.

[2]) Pohl, Haydn in London S. 82. Dem Pohlschen Werke entnehmen wir einige Daten:

Am 2. März 1790 trat Dussek zum ersten Male in London auf in einem Konzert Salomons (S. 42).

Im dritten Salomon-Konzert des Jahres 1791 am 25. März spielte Dussek ein Klavierkonzert (wahrscheinlich ein eigenes) (S. 122).

Anfang des Jahres 1792 spielte Dussek im „New Musical Fund" im Haymarkettheater (S. 23).

Im April des Jahres 1792 gab Dussek ein Konzert im Hannover square rooms mit der 17jährigen Miß Corri. Er selbst spielte ein Klavierkonzert und mit Mad. Krumpholz ein Konzert für Klavier und Harfe (S. 42).

Am 14. Mai 1792 spielte Dussek mit Mad. Krumpholz ein Duo für Klavier und Harfe im Benefizkonzerte Pleyels (S. 44).

Am 2. Mai 1794 spielte Dussek im Benefizkonzert Haydns (Hannover square rooms); das Programm ln der ersten Hälfte war dies:

1. Abteilung.

Große Sinfonie, Manuskript Haydn.

Arie, ges. von Mr. Fischer.

Pianofortekonzert Dussek, vorgetragen von Mr. Dussek.

Scena, gesungen von Miß Park (S. 269).

Am 2. Juni des Jahres 1794 spielte Dussek im Konzert des Bassisten Fischer (S. 234).

Auch in dem Programm des ersten Salomon-Konzerts am 2. Februar 1795 finden wir Dusseks Namen.

London" ist auch das Programm von Haydns erstem Benefizkonzert von 1791 mitgeteilt, bei dem Dussek beteiligt war; es
lautet[1]):

2. Abteilung.

Die neue große Sinfonie Haydn
(auf besonderes Verlangen).

Kantate, vorgetragen von Sig. Parchierotto.

Konzertante Dussek,
vorgetragen von Mr. Dussek und Mad. Krumpholz
(für Pianoforte und Pedalharfe).

Letzteres scheint sehr gefallen zu haben, denn wir finden
es noch auf einem zweiten Konzertprogramm desselben Jahres.[2])
Nun wurde Dussek von allen Seiten mit Anerbieten und En-
gagements bestürmt. Die vornehmen Familien setzten ihren
Ehrgeiz darein, ihn auf ihren Soiréen zu sehen. Seinen Namen
finden wir auf den Programmen aller bedeutender Vereins- und
Privatkonzerte, unter anderm trat er nochmals wiederholt in den
Benefizkonzerten Haydns auf. Der Altmeister hielt große Stücke
auf ihn; das geht aus einem an den Vater Dusseks gerichteten
Briefe hervor; er lautet[3]):

Wertester Freund!

Ich danke Ihnen von Herzen, daß Sie in dem letzten
Schreiben an Ihren Herrn Sohn sich auch zugleich meiner
erinnern wollten. Ich verdoppele dafür mein Gegenkompli-
ment und schätze mich glücklich, Sie zu versichern, daß
Sie den rechtschaffensten, gesittesten und in
der Tonkunst trefflichsten Mann zum Sohne

---

1. Abteilung.

Große Ouverture (Sinfonie) Manuskript Haydn.
Duett, ges. von Rodino Cimarosa und Sig. Morelli.
Konzert für Fagott Devienne, vorgetr. von Mr. Holmes.
Gesang, vorgetr. von Mad. Garaniga Morichelli.
Pianofortekonzert Dussek, vorgetr. von Dussek.
Quartett, ges. von Mad. Martini Morichelli, Kelly,
Rovedino, Morelli (S. 288).

[1]) Pohl, Haydn in London S. 82.
[2]) Pohl a. a. O. S. 2 ff.
[3]) Mitgeteilt bei Grove, Music and Musicians Bd. 1 S. 751.

haben. Ich liebe denselben ebenso wie Sie, weil er das ganz verdient. Geben Sie ihm dann den täglichen väterlichen Segen, so wird der stets glücklich sein, welches ich ihm wegen seines großen Talentes herzlich wünsche. Ich bin mit aller Hochachtung

Ihr aufrichtigster Freund
Joseph Haydn.

London, 26. Febr. 1792.

Von namhaften Persönlichkeiten, die Dussek in London kennen lernte, ist in erster Linie Clementi zu nennen; das herzliche Verhältnis der beiden Künstler geht aus weiter unten angeführten Briefen hervor. Aus der Widmung der Sonate op. 24 ersehen wir auch, daß Dussek mit einer vornehmen Engländerin, die auch Clementi kannte, Miß Chimery, befreundet war.[1]) Auch mit der berühmten Harfenspielerin Mad. Krumpholz, die in London ziemlich in der Gunst des Publikums stand, konzertierte Dussek in der Folgezeit öfter. Mehrere Duos für Klavier und Harfe verdanken diesem Zusammenwirken der Künstler ihre Entstehung.

Dusseks Schwester Veronika trat erst 1799 zum ersten Male auf.[2]) Dussek ließ auch seine Schwester nach London kommen und gab ihr dadurch Gelegenheit, sich die Gunst des Publikums zu erringen.[3])

Die berühmte Londoner Klavierniederlage von Broadwood, die damals schon auf der Höhe ihrer Leistungen stand, beehrte unser Meister des öfteren mit seinem Besuche, den Instrumenten dieser Firma gab er den Vorzug.[4]) Vermutlich ist die Vorliebe für diese Instrumente auch dem Einfluß Clementis zuzuschreiben, der sich auch mit Vorliebe der Fabrikate der Firma Broadwood bediente. Wie hoch übrigens Dussek Clementis Improvisationen schätzte, bestätigen die im „Harmonicon" (Memoir 1832) angeführten Worte, die er einstmals, aufgefordert nach Clementi zu spielen, aussprach: „To attempt any thing in the same style

---

[1]) Unger, Clementis Leben S. 23.
[2]) Pohl, Haydn in London S. 42.
[3]) a. a. O. S. 42.
[4]) In den Geschäftsbüchern der Firma Broadwood finden wir im Jahre 1791: Dussek, J. L., 26. März (Pohl S. 155).

would be presumption, and what sonata, what concerto, or what
other regular composition could man play, would not be insiped
after what we have heard".[1])

In London war es auch, wo Dussek seine Lebensgefährtin
fand. Es war Miß Corri.

Miß Corri war 1775 zu Edinburg geboren; ihr Talent ent-
wickelte sich schnell.[2]) Sie war nebst drei Brüdern die einzige
Tochter des neapolitanischen Opernkomponisten Dom. Corri, der
1774 nach Schottland kam und dort eine Oper, allerdings ohne
großen Erfolg, aufführte. Miß Corris Konzerte in den Jahren
1791 und 1792 (15. Juni und 29. März) gehören zu den hervor-
ragenderen.[3]) Die 16- bezw. 17jährige Künstlerin trat als Klavier-
und Harfenspielerin und als Sängerin auf. Damals, als Dussek

---

[1]) Unger, Clementis Leben S. 106.
[2]) Pohl a. a. O. S. 32 ff.
[3]) Pohl ebenda S. 31.

Im sechsten Salomon-Konzert (im April) des Jahres 1791 trat Miß Corri
zum ersten Male auf, „die, mit sehr angenehmer und geschmeidiger Stimme
begabt, unter der Leitung ihres Vaters sich nach den besten italienischen
Sängern, besonders Marchesi, gebildet hatte". Beim Spiele Dusseks wird
auch „der ergreifenden Einfachheit des verstorbenen, lebhaft beklagten
Schroeter gedacht (Pohl S. 128).

Dem Werke Pohls entnehmen wir einige andere Daten über die Konzert-
tätigkeit Miß Corris.

Die „Morning Post" schreibt: „Eine Miß Harriet Waniewright gab im
Januar 1792 ein Konzert in den ‚Hannover square rooms'. Miß Corri sang
glänzend (the fascinating)" (S. 49).

Am 24. Februar 1792 sang Miß Corri im Soloquartett bei einer Auf-
führung von Haydns „Sturm" (S. 188).

Im März desselben Jahres sang sie im fünften Konzerte Haydns eine
Kantate Haydns (S. 190).

Ihrem eigenen Konzerte am 26. März 1792 wohnte Haydn bei (S. 193).

Am 3. Mai 1792 singt Miß Corri im Benefizkonzert Haydns (S. 195).

Am 5. Mai 1792 sang sie ein englisches, von Hummel komponiertes
Lied in einem Salomon-Konzert (S. 43).

Am 14. Mai 1792 finden wir ihren Namen auf dem Programm von
Pleyels Benefizkonzert (S. 303).

Als Klavierspielerin trat Miß Corri gleichzeitig auf am 29. Mai 1795;
sie sang eine Arie und spielte ein Konzert von Dussek.

Hervorragend sang sie das Solo in der „Schöpfung" Haydns am 21. April
1800, Direktion Salomon.

in London anwesend war, kam sie gerade von einer Konzert-
reise aus Schottland. In der englischen Hauptstadt war ihr ein
ziemlicher Ruf vorausgegangen. Als Ehepaar traten Dussek und
sie zum ersten Male 1793 auf. Dieser Ehe entstammte eine
Tochter Olivia, die das Talent ihrer Mutter erbte und ebenfalls
als Harfenspielerin in London geschätzt war. Bereits 1791 hatte
Dussek mit Corri einen Ausflug in die Berge Schottlands unter-
nommen, wohl kaum ahnend, in welches Verhältnis sie bald zu-
einander treten würden. Corri machte bald den Vorschlag zur
Gründung einer Musikalienhandlung und Notenstecherei, welcher
Gedanke auch bald in die Wirklichkeit umgesetzt wurde, zumal
da einige Geldmänner, vertrauend auf die guten Einnahmen der
beiden, willig ihre Hand liehen. Das Geschäft ging auch anfangs ganz gut. Viele Kompositionen unseres Meisters erschienen
nun im Selbstverlag (Dussek-Corri), und auch Haydns zwölf
Originalkanzonetten erlebten hier ihre erste Auflage.[1]) Einen
Selbstverlag hatten damals viele Komponisten, z. B. Pleyel,
Clementi, Hofmeister. Jedoch bald fingen die Grundlagen des
Unternehmens bedenklich an zu schwanken. Dussek und sein
Schwiegervater waren keine Geschäftsmänner. Sie borgten Geld,
stürzten sich in immer größer werdende Schulden und rissen
noch andere mit hinein, z. B. den Theaterdichter Da Ponte, den
Dichter des Mozartschen Don Giovanni, der mit ihnen Handels-
verbindungen eingegangen war.[2]) Nun war guter Rat teuer,
was tun? Von allen Seiten drängten die Gläubiger, die ihr
Geld wollten, die Situation wurde immer drohender, bis sich
schließlich Dussek im Jahre 1800 entschloß, sein Heil in der
Flucht zu suchen. Das war das Ende des Unternehmens.

Zum zweiten Male kam unser Künstler jetzt nach Hamburg,
wo er noch in gutem Andenken war. Diese Flucht aus London
fällt in den Winter 1799 auf 1800. Nach Nachrichten über ein
Konzert Dusseks im „Hanseatischen Magazin" (Bd. 4 S. 60 ff.)
soll Dussek bereits in den letzten Monaten 1799 in Hamburg
gewesen sein; in der „Allgem. Musikztg." vom 5. Februar 1800
(Nr. 19) lesen wir unter „Kurze Nachrichten": „Der berühmte

---

[1]) a. a. O. S. 211.
[2]) Pohl a. a. O. S. 42. Da Ponte verlor dabei 1000 Guineen.

Dussek aus London ist jetzt in Hamburg". Von hier aus stand
er noch in regen Beziehungen zu seinen Londoner Freunden,
insbesondere zu Clementi. Das Britische Museum zu London
besitzt noch drei Originalbriefe aus dieser Zeit.[1] Sie lauten:

Hamburgh, June 12. 1800.

Mon cher Clementi.

J'ai recue avec extreme plaisir votre lettre, ainsi que le
manuscript dans celle de ma femme, je suis extremement touché
du desir que vous témoigner de me revoir à Londres, mais étant
une fois dans le continent je ne puis resister au désir de faire
une visite à mon pére, d'autaut plus, que je lui ai deja écrit
que je viendrais pour sure le voir cette étée, je sçais par ses
lettres, qu'il attend ce moment comme la plus grande, et peu
être la dernière jouissance de sa Vie, trompé dans une paraille
attente un vieillard de 70 ans servit anticiper sur la mort,
d'ailleurs en arrivant en Angleterre tout de suite je ne ferais
également que manger mon argent, ou bien celui-ci de ma
femme jusqu'a l'hiver prochain, ainsi ma résolution est prise de
faire le voyage de la Boheme, voire en parsant Dresde, Prague,
Vienne (où je sais que je puis gagner de quoi me defranger de
tout mon voyage, et au delà) et de revenir a Londres vers le
Novembre vous pouvez compter ladessus, mais surtout sur le
plaisir que j'aurai de revoir, et d'embrasser un ami tel que vous-
mardi prochain part d'ici pour Londres un commis de Mr. Parish,
un de premier banquier d'ici, qui vous remetra en mains
propre (ou un de vos associés) mes trois nouvelles sonates-je
suis occupé a metre au net les trois Concertinos, que vous receverez
aussi dans une quinzaine au plus tard, dont j'espère que vous
serrez assez content, étant les meilleurs ouvrage que j'ai jamais
fait in the Selling Way. Adieu mon cher Clementi les oreilles
doivent souvent vous tinter, car je parle constamment de vous
à toute le monde, car tout le monde aime qu'on leur parle de
leurs connaissance ou vous êtes de la connaissance de tout le
monde, adieu   votre ami

Dussek.

---

[1] Die beiden ersten Briefe sind schon abgedruckt bei Shedlock, „The
Pianoforte Sonate" S. 106 ff., Berlin 1897.

In biographischer Hinsicht ist dieser Brief auch noch dadurch wichtig, weil er über Dusseks Ausflug nach Böhmen und den Weg der Reise Aufschluß gibt. Seine Gemahlin scheint nach diesem Brief zu urteilen in London geblieben zu sein. Der zweite Brief ist geschäftlicher Natur. Aus ihm ersehen wir, daß Dussek wohl eine Art Vermittlungsgeschäft für die Beschaffung von englischen Flügeln auf dem Kontinent betrieb. Auch scheint er sich in einiger Geldverlegenheit befunden zu haben, da er in dem Brief so zur Eile drängt und „ein Mittel darin sieht, wenn das Geschäft abgeschlossen ist, seine geplante Reise nach Böhmen ausführen zu können". Der Brief besitzt kein Datum, muß aber vor Mitte August zu verlegen sein, da der Antwortbrief hierauf dieses Datum trägt.

Messrs. Longmann, Clementi & Co., Gentlemen & friends.

I beg you would do your possible to send me the two grands instruments immediately, for the two gentlemen, whom I have persuaded to purchaise them after they have heard my own, ear very impatient about it, and I am afraid if I do not receive a decided answer from you about it, or the connoissement, which I my show them, they will be induced to buy some of their german Instruments as they are pretty well influenced by the Capelmaster of this town, who is a tolerable great as in Music, and an illnatured antianglomane, besides I expect it as the means to make my journey to Bohemia. therefore I hope you will be so good and make the greatest speed you can-you will see by the above that I intend to be in London about Novembre next, when I will be very happy to settle you with what may balance against me in our account, and to continue faithfull to our agreement,

believe me,
Gentlemen & Friends,
Yours faithfully
Dussek.

I have no idea how many proposals I have received from London about my Compositions, some of them will make you laugh.

Ein zweiter Brief an dieselben Adressaten lautet:

Hamburgh, 22. August 1800.

Gentlemen & friends.

I have this moment received your letter and connaissement of the two Instruments, therefore you must regard my former letter as nothing — I am sure I have not spoiled your bussines in the country, for both your Instruments are sold at 85 guineas and I assure you that great deal of bussiners may be done here, as since they have heard me play upon English Forte-Pianos, and particulary the one you send last Winter — they are grown mad for them — I shall be soon in London and very happy to embrace you all — you are curious Tolks, not to let me know, if you have received my manuscripts or not! if I had not seen Pleyel (who will come with me to England) I never would have known, if you have received them or not, but he showed me a letter, where you mention it to him.

Adieu,

I am sincerly

your friend

Dussek.

un Baiser a Clementi.

In Hamburg stand nun Dussek wieder im Mittelpunkt des Konzertlebens und war froh, der unangenehmen Lage, wenn auch auf etwas gewaltsame Art, entronnen zu sein. 1801 knüpfte er viele Beziehungen an zu angesehenen Virtuosen, wie Steibelt, Himmel, Woelfl, in deren Häusern er viel verkehrte. Über ein Konzert schreibt die „Allgem. Musikal. Ztg." am 3. Juni 1801: „Eine Sonate, von Herrn Himmel komponiert, konnte, von zwei so vollkommenen Klavierspielern wie Herr Dussek und der Komponist auf zwei sehr schönen und sich ähnlichen englischen Instrumenten gespielt, nicht anders als vollkommen dargestellt werden".

Besonders glanzvoll gestaltete sich ein Konzert zu Ottensen an der Elbe,[1] bei dem noch drei andere große Künster mitwirkten, der damals sehr beliebte Giarnowichi (Violine) sowie

---

[1] Grove, Music and Musicians Bd. 1 S. 751.

die nicht minder bekannte Sängerin Mad. Storace und der Sänger John Braham.[1])

1802 ist Dussek bereits auf der Reise nach Böhmen. In Prag gab er verschiedene Konzerte, in einem derselben begleitete seine Schwester, verheiratete Cianchettini, sein G-moll-Konzert. Aus einem Briefe, den Weckerlin[2]) veröffentlichte, sehen wir, daß er Anfang des Jahres noch in Hamburg war.

Der Brief lautet:

Hamburg, den 2. Febr. 1800.

Mein lieber Pleyel!

Madame de Lamoy, deren Bekanntschaft Du während Deines Aufenthaltes in Hamburg gemacht hattest, möchte ein Konzert ihrer Komposition drucken lassen. Wenn Du die Partitur der Betrachtung unterzogen haben wirst, wirst Du sehen, daß es sehr glänzend und nicht schwer ist, so daß es einen genügend hübschen Absatz erlangen wird, so daß Du auch nichts riskierst, es bei Dir stechen zu lassen, und außerdem wirst Du auch mich selbst unendlich verpflichten.

Wie bist Du mit Himmel zufrieden? Ich ersehe aus der Zeitung, daß er in Paris ganz gute Geschäfte macht. Ich reise in kurzer Zeit nach London ab, um dort ein neues Konzert hören zu lassen, und gegen Ende Juni werde ich sicher nach Paris kommen. Versieh Dich also mit einem guten Vorrat Burgunderwein, den Du mir noch schuldig bist, und den ich am Ende doch noch bei Dir trinken werde.

Tausend freundliche Grüße an Deine Frau und Deine kleine Familie.

Dein Freund
Dussek.

Diesem Briefe nach zu urteilen war unser Künstler also doch noch einmal in London. Das dürfte aber nur gegen Ende des Jahres gewesen sein, wie sich an der Hand der Zeitungs-notizen verfolgen läßt. Im Frühjahr war er noch in Hamburg; die „Allgem. Musikal. Ztg." vom April 1802 schreibt: „Am 17. April

---

[1]) Derselbe, der bei der Erstaufführung des „Oberon" in London (am 12. April 1826) den Hüon sang.

[2]) „Musiciana" 1877.

gab Herr Dussek abermals ein Konzert auf dem Eimbeckschen Hause".

In Hamburg machte Dussek auch die Bekanntschaft Spohrs. Wir lesen in dessen Selbstbiographie [1]:

, den 5. Mai. Wir waren heute bei Herrn Kirkhöver zum Essen eingeladen und trafen dort Herrn Dussek und einige andere Musiker. Mir war dies sehr erwünscht, da ich mich längst gesehnt hatte, Herrn Dussek spielen zu hören. Herr Eck (Spohrs Lehrer), begann mit einem Quartett eigner Komposition und entzückte damit alle Hörer. Darauf spielte Herr Dussek Klaviersonaten seiner Komposition, die aber nicht sonderlich zu gefallen schienen. Nun folgte ein zweites Quartett des Herrn Eck, welches Herrn Dussek so hinriß, daß er ihn zärtlich umarmte. Zum Beschluß spielte Herr Dussek ein neues Quintett, welches er erst in Hamburg komponierte, und das man bis in den Himmel hob. So ganz wollte es mir aber nicht gefallen, denn ohne erachtet der vielen Modulationen wurde es am Ende ein wenig langweilig, und das Übelste war, daß es weder Form noch Rhythmus hatte, und man das Ende ebenso gut zum Anfang hätte machen können."

Dussek war Anfang Juni des Jahres 1802 noch in Hamburg, wie wir aus einer weiteren Stelle in Spohrs Selbstbiographie [2] entnehmen.

Auch berichtet Spohr hier von einem Streit zwischen Dussek und dem Violinspieler Eck.

„Unser Aufenthalt in Hamburg dehnte sich bis zum 6. Juni aus. Herr Dussek, dem die Anordnung des Konzertes bei einem Feste, welches die in Hamburg wohnenden Engländer zu Ehren ihres Königs für den 4. Juni veranstalteten, aufgetragen war, engagierte Herrn Eck zum Vortrag eines Violinkonzertes." Zwischen Eck und Dussek kam es bald zum Streit, da ersterer sich weigerte zu spielen, weil das Konzert im Freien stattfand, wovon er nicht unterrichtet war. Über Dusseks Tätigkeit in der Probe am 3. Juni schreibt Spohr weiter: „Zuerst probierte Herr Dussek eine von ihm für dieses Fest komponierte Cantate, die auf mich

---

[1] Cassel 1860, Bd. 1 S. 18.
[2] Cassel 1860, Bd. 1 S. 20, 21.

eine außerordentliche Wirkung machte, da sie nicht allein gut geschrieben und vortrefflich einstudiert war, sondern auch durch die Mitwirkung einer großen Orgel, die man im Hintergrunde des Orchesters aufgestellt hatte und durch die Execution in stiller Nacht etwas so Feierliches bekam, daß man ganz hingerissen wurde".

Auch andere Pianisten spielten Dusseks Konzerte und Klavierstücke, die sehr beliebt waren.

Im Konzertprogramm der „Philharmonischen Gesellschaft" vom 11. Februar 1804 lesen wir:

II. Abteilung.

5. Titus-Ouverture.
6. Flöten-Konzert von Hoffmeister (Herr Petersen).
7. Rondo von Paisiello (Demoiselle Lacroix).
8. Grand Konzert von Dussek (vorgetr. von Carl Grund).
9. Finale.[1])

In der „Allgem. Musikal. Ztg." lesen wir am 10. November 1802: „Am 26. Oktober gab Herr Dussek aus London ein großes Konzert in Prag. Er spielte in jeder Rücksicht meisterhaft, und besonders mit einer Präcision, und einem Ausdruck, wie man es bei äußerst wenigen Klavierspielern findet. Er fand auch den verdienten allgemeinen Beifall".

Erst am 15. Dezember 1802 schreibt die „Allgem. Musikal. Ztg.": „Dussek ist auf einer Reise durch Deutschland nach Böhmen, wo er seine Eltern noch einmal sehen will". Und die Redaktion bemerkt noch weiter dazu: „Unsere Leser haben aus Prag und Leipzig Nachricht über ihn erhalten, er gab überall Beweise, daß er auch das Lob vollkommen verdiente, das ihm Verfasser außer seiner Virtuosität beilegt".

Über den Empfang Dusseks in seinem Heimatsorte teilte mir Hulka folgendes mit:

Nach 21 jähriger Trennung kam er im Sommer 1802 zu seinem Vater nach Czaslau. Hier lebte die verheiratete Schwester Dusseks. Als man in der Stadt erfuhr, daß der berühmte Dussek zum Besuche seiner Eltern käme, bereitete Opitz, „der Philosoph

---

[1]) Sittard, Geschichte des Konzertwesens in Hamburg S. 139.

von Czaslau" unserm Künstler einen herzlichen Empfang. Er
verfaßte ein Lob- und Festgedicht, kein poetisches Kunstwerk,
aber offenbar gut gemeint, das mit den Worten schließt:

„Sein Spiel ist wie sein Satz so rein,
Ist höchste Kunst, so spricht der Britte,
Franzos und Deutsche, jedermann,
Nun bist Du hier, hier in der Mitte
Der Deinigen, wirst als edler Mann,
Wirst als dankbarer Sohn bekannt,
Stolz sei auf Dich Dein Vaterland".

Bei diesem Besuche sah Dussek seinen Vater zum letzten Male.

Im Herbste des Jahres brach unser Künstler wieder auf.
Im November 1802 war er in Leipzig.[1]) Von da ging er nach
Braunschweig, wo er die neugegründeten Konzerte seines Schülers
Le Gaye einweihte und auch in einem der nächsten dieser Ver-
anstaltungen spielte.[2]) Mit seinem Freunde Clementi stand Dussek
auch jetzt noch (1803) brieflich in reger Verbindung.[3]) Wie
Clementi seinerseits von Dussek dachte, sehen wir aus einem
Briefe Clementis an Collard (10. Juni 1804). ... Now to return
to honest Dussek ...[4])

Tomaschek, ein Landsmann Dusseks, ebenfalls ausgezeichneter
Klavierspieler, schreibt in seiner „Autobiographie und Reminiszenzen":

„Im Jahre 1804 (wohl 1803) kam mein Landsmann Dussek
nach Prag und ich wurde bald mit ihm bekannt. Er gab ein
Konzert (von ziemlich großer Ausdehnung), in dem er unter
anderm sein Militärkonzert (op. 40) spielte. Bei den ersten
Takten schon brach das Publikum in allgemeines ‚Ah' aus.
Und es war in der Tat wunderbar, mit welcher Charme und
welch köstlichem Anschlag er seinem Instrument die feinsten
und zartesten Töne entlockte. Seine Finger waren wie zehn
Sänger. Jeder war mit gleicher Kraft ausgerüstet und fähig
mit der größten Exaktheit auszuführen, was ihr Meister ver-

---

[1]) Unger, „Neue Musikztg." Stuttgart, 29. Jan. 1914.
[2]) „Zeitung für die elegante Welt" 1803 S. 86.
[3]) Unger, Clementis Leben.
[4]) Unger, Clementis Leben S. 143.

langte. Sein Vortrag, speziell in gesanglichen Phrasen, steht für jeden Künstler als Ideal da, das nicht so leicht zu erreichen ist. Dussek war der erste, der sein Instrument auf den Ehrenplatz stellte, wohin ihm die späteren Klavierhelden folgten".

Tomaschek schreibt noch weiter: „Dussek war auch der erste, der das Pianoforte der Quere nach aufstellte, was unsere Klavierhelden bei ihrem Gaukelspiel immer noch treulich befolgen, wenn ihnen auch ein interessantes Profil dazu mangelt".

Anfang des Jahres 1804 war Dussek wieder in Hamburg, wie aus einem Briefe, den Unger[1]) mitgeteilt hat, hervorgeht.

Hamburg, den 20. Januar 1804.
Wertester Freund!

Ich habe Ihren werten Brief just in dem Augenblicke erhalten, als ich den Wagen bestieg, um eine kleine Visite nach Lübeck zu machen. Ich bin heute früh von da zurück, und da die Post von hier nach Leipzig noch in einem Augenblicke abgeht, so habe ich nur Zeit, Ihnen zu melden, daß ich, in Rücksicht auf unsere weiteren Connexionen, die von Ihnen offerierten 30 Dukaten für die Ihnen zugeschickten 3 Manuskripte annehme. Die Exemplairs von meiner Klavierschule und Konzert habe ich richtig erhalten und bin mit der Herausgabe äußerst zufrieden. Die von mir erhaltenen 15 Dukaten nehme ich auch (aus oben benannter Rücksicht) als völlige Bezahlung der alten Rechnung an — da ich ganz positiv diesen Sommer nach Leipzig komme, so wird es gelegener sein um über mein künftiges Projekt mündlich als jetzt schriftlich zu besprechen.

Ich reise von hier in 8, höchstens 10 Tagen nach Berlin, also bitte ich Sie inständig mit der zurückkehrenden Post die Anweisung auf die 30 Dukaten zu schicken, da ich so lange warten werde, bis ich Ihren Brief erhalten, und meine Abreise nach Berlin sehr pressant ist, verzeihen Sie meine große Eile und seien Sie meiner wahrhaften Hochachtung versichert.

Ihr ergebener Freund
J. L. Dussek,
chez Mrs. Vidal u. Co,
Hamburgh.

---

[1]) „Neue Musikztg." Stuttgart, 29. Jan. 1914.

Daß dieser Brief an Breitkopf & Härtel gerichtet ist, geht aus dem Inhalt hervor.

Aus einem zweiten Brief[1]) ersehen wir, daß Dussek die geplante Reise nach Berlin ausgeführt hat.

Herren Breitkopf & Härtel.

Berlin, den 25. April 1804.

Mein verehrtester Freund!

Ich habe Ihren Brief vom 24. Januar erst hier in Berlin erhalten, und folglich die 30 Dukaten beim Buchhändler Bohm in Hamburg nicht haben können, und da ich mein Projekt, noch vor diesem Sommer nach Hamburg zurückzukommen, geändert habe, und diese kleine Summe dort nicht haben kann, so habe ich einen Wechsel auf 14 Tage nach dato an die Ordre der Herren Gebr. Böneke auf Sie bezogen, welche ich Sie bitte zu honorieren, den Wert von 30 Dukaten haben mir die H. B. hier schon ausgezahlt. Ich reise in 8 Tagen mit dem Prinzen Ludwig nach Magdeburg, und gegen Ende Juli komme ich ganz gewiß nach Leipzig — die Exemplars von dem Quattuor habe ich richtig erhalten, da sind aber in der Pianoforte-Partie und besonders in den andern Instrumenten v i e l e und einige s e h r w i c h t i g e Fehler, ich bitte daher, daß dieses Werk noch einmal, ohne Verzug corrigiert wird, da es sonsten in Diskredit fallen könnte, in dem Manuskript, das ich Ihnen geschickt habe, sind gewiß keine.

Ich habe von Ihren Instrumenten hier überall gesprochen, und Sie können sich darauf verlassen, daß, wenn man solche braucht, man sie auf Sie adressieren wird. Ich freue mich herzlich darauf, diesen Sommer ein gutes Glas Champagner mit Ihnen zu trinken, und Ihnen mündlich zu sagen, wie sehr ich bin

Ihr ergebener Freund
Dussek.

In Berlin lernte unser Künstler den Prinzen Louis Ferdinand von Preußen kennen, dessen hohe Sympathie er sich gleich erwarb. Es war sein größter und letzter Gönner, ein edler Mensch, den ihm das Schicksal wenige Jahre vor seinem Tode zuführte.

---

[1]) Mitgeteilt von Unger, „Neue Musikztg." Stuttgart, 29. Jan. 1914.

4. Der Freundschaftsbund mit Louis Ferdinand von Preußen und die letzten Lebensjahre.

Die Bekanntschaft mit Louis Ferdinand von Preußen ist wohl durch den Fürsten Radziwill vermittelt worden.[1] Der Prinz, den Schumann[2] eine höchst poetische Natur nannte, hat in der Musik eine hohe und unmittelbare Bedeutung. Er ist geboren am 18. November 1772 zu Friedrichsfeld. Sein Vater besaß eine kleine Hauskapelle; ob ein Mitglied derselben Louis Ferdinands Lehrer war, ist unbekannt[3] In den Werken des Prinzen verrät sich eine ziemliche Selbständigkeit. Die romantische Richtung ist unverkennbar. Man weiß, daß er den Pflichten des militärischen Dienstes immer wieder entlief, um in Genüssen und bedenklichem Verkehr mit französischen Demokraten Zerstreuung zu finden.[4] Die Kunst füllte sein ganzes Leben aus. 1796 erschien Beethoven in Berlin. Dieser nannte Louis' Klavierspiel „gar nicht königlich oder prinzlich, sondern das eines tüchtigen Klavierspielers".[5] Mit Dussek teilte Louis Ferdinand die Vorliebe für englische Flügel, er soll sich nicht weniger wie 13 davon haben verschreiben lassen.[6]

Der Charakter des Prinzen war ehrlich und offen, jedoch soll er einen wenig guten Ruf gehabt haben.

Auch Himmel war mit dem Prinzen befreundet, und er und Dussek waren des Prinzen liebste Gesellschafter bei den Weinabenden, bei denen es oft laut herging bis in den hellen Morgen.

So bildeten gleichsam der Prinz, Dussek und Himmel ein Trio, wo jeder den andern bestärkte und aufheiterte.[7] Dussek

---

[1] Unger, „Neue Musikztg." Stuttgart, 29. Jan. 1914.

[2] Brief an Simon de Sire.

[3] Tschirch, Prinz Louis Ferdinand als Musiker, Hohenzollernjahrbuch 1906 S. 199 ff.

[4] Tschirch ebenda.

[5] Varnhagen von Ense, Denkwürdigkeiten (Bd. 4 S. 50). Im Jahre 1803 berichtet die „Allgem. Musikal. Ztg." (V, 601) aus Magdeburg, daß unter den dortigen vorzüglichen Fortepianospielern Prinz Louis von Preußen den ersten Rang behaupte.

[6] Ebenda.

[7] Grove, Music and Musicians Bd. 1 S. 751.

nahm mit seinen künstlerischen Fähigkeiten die erste Stelle ein.
Spohr schreibt[1]) bei Gelegenheit seines Besuches in Berlin 1805
über eine Soirée: „Die zweite Musikpartie, zu der auch meine
Reisegefährtin eingeladen wurde, war beim Prinzen Louis Ferdinand
von Preußen. Wir fuhren zusammen hin und wurden vom Wirt
auf das Artigste empfangen. Wir fanden dort einen vornehmen
Cirkel besternter Herren und geputzter Damen, sowie die vor-
züglichsten Künstler Berlins zusammen. Auch traf ich hier
einen früheren Bekannten aus Hamburg, den berühmten Klavier-
virtuosen und Komponisten Dussek, der jetzt Lehrer des Prinzen
war und bei ihm wohnte. Die Musikpartie begann mit einem
Klavierquartett, welches von ihm (Dussek) in echt künstlerischer
Vollendung vorgetragen wurde. Dann folgte ich. Mein Spiel
fand den lautesten Beifall, besonders schien Dussek davon
hingerissen zu sein. Auch meine geliebte Rosa erwarb sich
durch den Vortrag einer Arie, die ihr Dussek auf dem Klavier
accompagnierte, allgemeine Anerkennung".

Im Herbst desselben Jahres erhielt Spohr noch eine Privat-
einladung zur Abendsoiree des Prinzen und wurde von diesem
mit Dankesbezeugungen überschüttet. Dussek sagte Spohr beim
Ahschied, der Prinz habe die Absicht gehabt, ihm auch ein
Honorar zuzuwenden, es sei aber jetzt solche Ebbe in seiner
Kasse, daß er es für eine spätere, günstigere Zeit verschieben
müsse. Diese trat jedoch nie ein, da der Prinz schon im
folgenden Jahre seinen Tod in der Schlacht fand. Dussek begleitete den Prinzen auch in die Manöver, und wenn die militärischen Pflichten Louis Ferdinand noch so sehr in Anspruch
nahmen, er fand immer noch Zeit zum Musizieren. Spohr teilt
uns hierüber folgendes mit[2]):

„Ich führte nun ein sonderbares, wild bewegtes Leben, das
aber meinem jugendlichen Geschmack für kurze Zeit ganz gut
zusagte. Oft schon des Morgens um 6 Uhr wurde ich wie auch
Dussek aus dem Bette gejagt und im Schlafrock und in
Pantoffeln zum Prinzen in den Empfangssaal beschieden, wo

---

[1]) Selbstbiographie Cassel 1860, Bd. 1 S. 85.
[2]) Selbstbiographie Cassel 1860, Bd. 1 S. 93.

dieser in der damals herrschenden großen Hitze in noch leichterem
Kostüm, gewöhnlich nur mit Hemd und Unterhose bekleidet,
bereits vor dem Pianoforte saß. Nun begann das Einüben und
Probieren der Musik, die für den Abendzirkel bestimmt war,
und dauerte bei des Prinzen Eifer oft so lange, daß sich unter-
dessen der Saal mit besternten und ordenbehängten Offizieren
angefüllt hatte. Das Costum der Musizierenden kontrastierte
dann sonderbar genug mit den glänzenden Uniformen der zur
Cour Versammelten. Doch das genierte den Prinzen nicht im
geringsten, und er hörte nicht eher auf, als bis alles zu seiner
Zufriedenheit eingeübt war. Nun wurde eilig Toilette gemacht,
ein Frühstück eingenommen und dann zum Manöver hinaus-
gezogen".

Nach Tschirch[1]) war Dussek für den Prinzen ein schlimmes
Vorbild, „denn in den Stücken des Böhmen lebte die süße Lust
an der Schwelgerei in schmerzlichen Gefühlen". Nostiz schildert
ihn als „wenig geachtetes Faktotum".[2]) „Dieser interessante
Mann", sagt er, „lag, wenn er nicht Klavier spielte, ganz in
den Banden tierischer Begierden." Über die Abendgesellschaften
des Prinzen teilt uns Spohr[3]) folgendes mit: „Man nahm ohne
Etikette an der Seite seiner Dame Platz; ich neben meiner geliebten Reisegefährtin (Rosa). Anfangs war die Unterhaltung,
obwohl frei und ungeniert, doch anständig. Als aber der
Champagner zu schäumen begann, da fielen Reden, die für die
keuschen Ohren eines unschuldigen Mädchens nicht geeignet
waren. Ich war daher, sobald ich merkte, daß die vermeint-
lichen vornehmen Damen nicht dem Hofe, wie ich geglaubt,
sondern wahrscheinlich dem Ballette angehören mochten, darauf
bedacht, mit meiner Gefährtin mich heimlich fortzuschleichen.
Ich kam, ohne weiter von der Gesellschaft bemerkt oder aufgehalten zu werden, auch glücklich zu meinem Wagen und kehrte
mit Rosa zu der harrenden Mutter zurück. Am andern Morgen
sagte man mir, daß des Prinzen Musikpartien gewöhnlich mit
solchen Orgien schlössen".

---

[1]) Hohenzollernjahrbuch 1906 S. 199 ff.
[2]) Briefwechsel, Dresden 1848.
[3]) Selbstbiographie Bd. 1 S. 86.

Der künstlerische Nutzen, den der Prinz aus dem Verkehr mit Dussek zog, war in erster Linie technischer Natur. Wie Kretzschmar nachweist,[1]) finden sich sowohl bei Dussek als auch bei Louis Ferdinand starke Verstöße gegen den Satzbau. Auch soll die Verantwortung für die schlechte Revision der Manuskripte Dussek treffen. Dieser hat des Prinzen op. 1 im Mai, op. 2, 3, 5, 6 im August und op. 4 im September (1805?) an Breitkopf & Härtel in Leipzig geschickt. Die Honorare für alle anderen Manuskripte hat Dussek bezogen.[2])

Wie sehr beide Künstler aufeinander eingelebt waren, entnehmen wir aus einer Stelle bei Nostiz [3]): „... das Mahl in antikem Stil gefeiert wurde durch Musik und den Wert heiterer Erholung weit über das gewöhnliche Maß verlängert. Neben dem Prinzen stand ein Piano, eine Wendung, und er fiel in die Unterhaltung mit Tonakkorden ein, die dann Dussek auf einem andern Instrumente weiterführte. So entstand oft zwischen beiden ein musikalischer Wettkampf, ein musikalisches Gespräch, das alle durch Worte angeregte Empfindungen der Seele in bezaubernden Tönen fortklingen ließ".

Die musikalisch-geistige Berührung des Prinzen mit Dussek zeigt sich in bezug auf die musikalische Romantik; in verminderten Septimakkorden und chromatischen Vorhalten in enharmonischen Rückungen, in feiner Dynamik (pp, mezza voce), in Elegien (wie op. 5 u. 10), im Humor in den Schlußrondos.

Ende des Sommers 1806 verließ der Prinz Berlin, um sich in das Hauptquartier des Fürsten von Hohenlohe nach Dresden zu begeben.[4]) Von da wandte er sich nach Öderan, Chemnitz, Jena, endlich nach Rudolstadt. Dussek begleitete seinen hohen Gönner auch im Feldzuge. Das ersehen wir aus einem dem Britischen Museum gehörenden Briefe.[5])

---

[1]) Louis Ferdinands Werke, Breitkopf & Härtel, S. VIII/IX.
[2]) Aus den Geschäftsbüchern der Firma Breitkopf & Härtel.
[3]) Briefwechsel, Dresden 1848.
[4]) Unger, „Neue Musikztg." Stuttgart, 29. Jan. 1914.
[5]) Auch schon abgedruckt bei Shedlock, Die Klaviersonate Berlin 1897, S. 108.

at the Quarters of the Prussian
army in Saxony
the 4. 8th 1806.

Dear Sir.

I have lately composed three Quartettos for Two violins,
Tenor and Violoncellos, and confers to you that I think this
Work above all that I have composed, they are neither in the
style of Mozart or Haydn, nor that of Pleyer, they are in the
stile of Dussek, and I hope will make some noise in the musical
world — the Price for the Propriety of them in Britain is
60 guineas, which I think highly moderate considering the
scartciety of good new Quartettos. — I have particularly choosen
you Sir for the publication of this work, because I always found
you very resonable in the few business, I have had the pleasure
to make with you, and as my contract with Clementi & Co
finished the 4. th. novembre this year, I should be very glad to
continue with you the publication of all my works in future. —
These Quartettos are for you a publication so advantagous that
I have not the least doubt but you will·make the bargain of
them, since there is such a long time, that nothing has been
published of my composition — I wish them to appear about
the middle of January and to be dedicated to his Royal
Highness the Prince Louis of Prussia, with whom I am
this moment in the army against the French. If you
wish to write to me, give the letter to the gentleman, who
shall delive to you the Quartettos. — I beg you to give my
best greetings to Mr. Cramer, Sheener, Jompkinson and all those,
that remember meand believe me

Dear Sir
your very servant and
sincere friend
Dussek.

privy Secretary to his Royal H^{ss}.
the Prince Louis of Prussia.

Das Verhältnis Dusseks zum Prinzen dauerte bis zum helden-
mütigen Tode des letzteren in der Schlacht bei Saalfeld am
10. Oktober 1806. Dussek war aufrichtig erschüttert bei der

Nachricht. Das Schicksal hatte ihm einen Menschen genommen, der ihm lieb und teuer geworden war. Die herrliche „Elegie harmonique sur la mort de Prince Louis Ferdinand de Prusse" (op. 61) ist dem Andenken seines hohen Freundes gewidmet. Das Titelblatt des Manuskriptes trägt die Worte: „Der Verfasser, der das Glück gehabt hat, den intimen Verkehr mit seiner Kgl. Hoheit zu genießen, hat ihn nie verlassen, bis zu dem Moment, wo er sein kostbares Blut für das Vaterland vergossen hat". Eine Schilderung des Prinzen als Musiker, die Dussek der „Allgem. Musikal. Ztg." versprochen hat, ist leider unterblieben.[1]

Dussek scheint sich damals mit dem Gedanken getragen zu haben, sich nach Wien zu wenden. Das Kgl. Hausarchiv zu Charlottenburg hatte die Güte, mir aus den Akten folgendes mitzuteilen: Dussek hat sich im Dezember 1806 an die Prinzessin von Preußen, die Mutter des Prinzen Louis Ferdinands. mit der Bitte um 500 Rtlr. gewandt, da er nach Wien reisen wolle. Der Prinz Ferdinand hat am 12. Dezember dem mit der Nachlaßregulierung beauftragten Staatsminister v. d. Keck davon Mitteilung gemacht, mit dem Bemerken: „Dieser Mann hat sich verschiedene Jahre bei meinem seel. Sohne, dem Prinzen Louis aufgehalten, aber nichts anderes als das Essen von ihm erhalten; er ist jetzt Willens auf seine Kunst nach Wien zu reisen, und begehrt dazu 500 Thaler, ohne daß er davon eine Rechnung formiert hat". Schon am folgenden Tage (13. Dez.) antwortete der Minister: „Wenn der Dussek gegen ein bestimmtes Salarium in den Diensten des hochseeligen Prinzen kgl. Hoheit gewesen wäre, so würde es kein Bedenken haben ihm einen etwa zweijährigen Rückstand dieses Salarii, in so fern solcher verificiert wäre, auszuzahlen, da die Gesetze einen solchen Rückstand einen privilegierten Ort anweisen. Da aber Euer kgl. Hoheit gnädigstes Schreiben ausdrücklich nur erwähnt, daß Dussek sich verschiedene Jahre bei dem Prinzen aufgehalten, und nichts als das Essen erhalten habe, ohne dabei eines verabredet gewesenen Gehaltes zu gedenken, so erscheint der Antrag des Dussek als bedenklich".

---

[1] Unger, „Neue Musikztg." Stuttgart, 24. Jan. 1914.

Die Eingabe Dusseks ist in den Akten nicht erhalten.
Auch scheint er die 500 Taler nicht bekommen zu haben. Von
einer Wiener Reise ist nichts bekannt.

Nach dem Tode des Prinzen Louis Ferdinand beteiligte
Dussek sich fortan nur selten an öffentlichen Konzerten. Das
Glück, das ihm so oft hold war, ließ ihn indes bald eine ge-
eignete Stelle beim Fürsten Ysenburg finden,[1]) doch scheinen
beide sich nicht recht verstanden zu haben, denn das Engagement
dauerte kaum ein Jahr. In der „Leipziger Musikztg." vom
2. September 1807 lesen wir: „Herr Dussek, der seine Beziehungen zum Prinzen Ysenburg gelöst hat, begibt sich in den
Dienst des Grafen Talleyrand, und bleibt von nun an in Paris".

So war unser Künstler nun wieder in Paris, der Stadt, die
sein letzter Aufenthaltsort werden sollte. Er stand jetzt im
47. Lebensjahr und war, nach Bildern zu urteilen, ziemlich kor-
pulent, so daß er sich auch aus Bequemlichkeit ziemlich vom
öffentlichen Konzertleben zurückzog.

Über das Odeon-Konzert zu Paris 1808, in dem Dussek mit-
wirkte, schreibt Fétis: „Der außergewöhnliche Eindruck, den er
machte, ist nicht vergessen. Wenn man das Klavier als Konzert-
instrument bis jetzt nur ungern hörte, so hat es unter den
Händen Dusseks den schlechten Ruf in dieser Hinsicht zu nichte
gemacht. Der edle und vornehme Stil dieses Künstlers, seine
Kunst, auf dem Instrumente zu singen, die kein anderer
besitzt, die Weichheit, Zartheit und Brillanz seines Spiels,
brachte ihm kurz gesagt einen Triumph, der beispiellos dasteht".

1809 trat er noch einmal in einem Konzerte Rodes auf,[2])
wo er in gewohnter Weise alle zur Bewunderung hinriß. Von
nun an aber verschwindet sein Name mehr und mehr von den
Programmen und er lebte jetzt in vollständiger Zurückgezogen-
heit. Die „Allgem. Musikal. Ztg." vom 3. Januar 1810 schreibt:
„Herr Dussek ist im Dienst des Grafen Talleyrand. Er erfährt
eine tadellose Behandlung und erfreut sich eines hohen Gehaltes".

---

[1]) Pohl, „Allgem. Deutsche Biographie" Bd. 5 S. 495.
[2]) Pohl, „Allgem. Deutsche Biographie" Bd. 5 S. 495.

3*

Bei diesem Grafen (Talleyrand-Perigard, Fürst von Benevent)
versah Dussek das Amt eines Konzertmeisters.[1]

Die letzten Jahre unseres Künstlers sind traurig und eines
Mannes von solchen Talenten und Geistesgaben unwürdig. Allmählich trat zu seiner unförmigen Beleibtheit ein allgemeiner
Kräfteverfall ein, so daß er öfters tagelang im Bett zubrachte.[2]
Dabei trank er stark. Hin und wieder regte sich sein Geist
wieder, der sich aus seinen Fesseln gewaltsam befreien wollte,
dann brachte ihm die Erinnerung an seine ruhmreichen Zeiten
Tage voll tiefer Melancholie. So lag er einsam und verlassen
auf seinem Lager, nur sein Freund und Landsmann Neukomm
erleichterte ihm die letzten Stunden. Das Ende brach früher
herein, als man erwartete. Sein schwacher Körper war von dem
alkoholischen Gifte vollständig zerrüttet. Er verschied in den
Armen seines Freundes am 20. März 1812 zu St. Germain en
Laye unweit Paris.[3]

Die gesamte Musikwelt betrauerte seinen Tod offenherzig.
Wir lesen in der „Leipziger Musikztg." vom 21. März 1812:

„Eben hören wir eine Neuigkeit, die jeden Musikfreund
tief betrüben muß. Unser gefeierter und berühmter Dussek ist
nicht mehr. Gestern morgens um 6 Uhr kam in der besten Blüte
der Mannesjahre (52 Jahre) sein Leben zu einem Ende, welches
in Anbetracht seines großen Talentes und rastlosen Fleißes den
Höhepunkt noch nicht erreicht hatte. Er war seit den letzten
Monaten nicht wohl, aber erst seit den letzten Tagen dauernd
im Bett. Das Fieber, das sich plötzlich seines widerstandslosen
Körpers bemächtigte, raffte ihn in einer Stunde dahin. Für
seine feinfühlende und empfindsame Natur war es eine Wohltat,
daß er die letzten Minuten in den Armen seines treuen Lands-
mannes und Freundes Neukomm verbrachte".

Am 17. Juni 1812 schreibt dieselbe Zeitung:

„Dusseks Freunde haben seine Büste anfertigen lassen, nach
der Larve von Dr. Spurzheim ausgeführt (sprechend ähnlich) von
Calamara".

---

[1] Ehrlich, Berühmte Klavierspieler S. 88.

[2] Fétis in Farrenc „Tresor des Pianistes"; Méraux, Les clavecinistes
de 1637—1790 S. 80.

[3] Er starb im Palais des Fürsten Talleyrand (Méraux ebenda S. 80).

Der Nachruf in der „Allgem. Musikal. Ztg." April 1812
bringt eine Würdigung des Künstlers und Menschen:

„Als Virtuosen nennt ihn die ganze musikalische Welt mit
vollem Rechte unter den Ersten. In Fertigkeit, Sicherheit und
Besiegung der größten Schwierigkeiten wurde er schwerlich von
irgend einem andern Klavierspieler, in Nettigkeit, Deutlichkeit
uud Bestimmtheit vielleicht nur von einem (Cramer in London)
und in Ausdruck, Seele und Delikatesse ganz gewiß von keinem
übertroffen.

Als Mensch war er gut und brav, ein gerechter, unpartei-
ischer, freundlicher Mann, ein treuer Freund in Wohlwollen,
teilnehmend an allem Guten und Schönen, was er kennen lernte,
ohne Rache gegen das Schlechte, das ihm begegnete und wehe tat.

Er besaß keine andere Schwächen, als die von so über-
mächtiger und reizbarer Phantasie unzertrennlich, und eben um
dieser Quellen willen jedem verzeihlich erschien. Sein heiteres
Gemüt aber, sein liebevoller Sinn, sein unbefangenes Urteil
machten die Vorzüge auf eine besonders unter Musikern sehr
seltene Weise geltend und erfreulich".

II. Sonaten.

1. Zur Entwicklung der Sonatenform.

Die Zeit des 18. Jahrhunderts, namentlich der zweiten Hälfte, ist durch den Übergang des älteren, polyphonen Stils in den neueren, homophonen, gekennzeichnet. Die Form der Instrumentalmusik des Subjektivismus ist die Sonate.[1]) Das Werden und die Vollendung der Sonatenform vollzog sich erst verhältnismäßig spät, wird doch erst Ph. E. Bach allgemein als „Schöpfer des modernen Sonatensatzes" bezeichnet. Die früheren mit dem Namen Sonate bezeichneten Stücke sind mehr Suiten, wie sie J. S. Bach und andere schrieben. Der Schöpfer der dreiteiligen Form ist wohl in Vivaldi zu sehen. Wie sehr diese dreisätzigen Stücke in der Grundform schnell—langsam—schnell beliebt wurden, zeigt die Angabe Faists,[2]) nach der im 18. Jahrhundert etwa bis zum Tode Bachs (1788) von 55 Komponisten etwa 203 Sonaten geschrieben wurden. Der weitaus größte Teil dieser Kompositionen ist Schablonenarbeit. Namentlich scheinen die Werke der oberdeutschen und rheinischen Gegenden wenig beliebt gewesen zu sein. Carl Friedrich Cramer[3]) spricht von „ganzen Ballen" von Sonaten, mit denen wir jetzt heimgesucht werden, besonders von den Gegenden der leiernden Musik vom Rhein und Oberdeutschland. Wirklich gute Kompositionen waren so selten, daß es „eine wirkliche Erholung war, einige gut gesetzte Sonaten wieder zu hören, nachdem man so viel leierhaftes Zeug hat hören müssen".[4]) Der Geist der meisten Kompositionen wird durch Cramers Kritik[5]) eines Konzertes

---

[1]) Falk, Wilh. Fr. Bach, sein Leben und seine Werke, Leipzig 1913, S. 60.

[2]) „Caecilia" Bd. 1847 S. 7 (Beiträge zur Geschichte der Sonate).

[3]) „Magazin der Musik" Hamburg, 1. Jahrg. (1783) S. 1256.

[4]) Cramer, „Magazin der Musik" 1. Jahrg. S. 840.

[5]) Ebenda S. 134.

(wahrscheinlich von Birnbach) gekennzeichnet: „Das Konzert scheint aus den Gegenden des Rheins oder des südlichen Deutschlands zu kommen, und d a s ist l e i d e r g e n u g g e s a g t. Alles dortherige Geklimper kennt man den Augenblick an den e i n - f ö r m i g e n F i g u r e n, den alltäglichen Modulationen, abgedroschenen Harfenbässen, beständigem Auf- und Herunterrennen der diatonischen Skala und solchen Kunststücken.

Die Herkunft der dreisätzigen Form aus der italienischen Musik war denn auch die Veranlassung, weswegen die meisten Komponisten in Deutschland mit italienischer Melodik und Aufmachung liebäugelten. Namentlich hat die Opernmusik unheilvollen Einfluß gehabt.

So schreibt Cramer[1]) bei der Besprechung der Sonate von Sander: „... man findet hier keine b e k a n n t e n M e l o d i e n a u s e i n e r d e r b e k a n n t e n O p e r n a r i e n mit einem bekannten unreinen Harfenbaß begleitet, dergleichen Ingredienzen sich verschiedene neue Komponisten nach der Mode zur Verfertigung ihrer Sonaten mit solcher Leichtigkeit bedienen“. Auch berichtet Cramer[2]) von den Sonaten Dierlings: „... sie sind nach der wahren Spielmanier des Instrumentes gesetzt, d a g i b t e s k e i n e F l o s k e l n a u s O p e r n a r i e n mit T r o m m e l - u n d H a r f e n b ä s s e n b e g l e i t e t“.

Zu den italienischen Stücken der noch von dem Mannheimer Orchesterstil unbeeinflußten Sonaten (hiervon wird weiter unten die Rede sein) gehören beispielsweise die nach „italienischem gusto gesetzten Sonatinen“ von Georg Andreas Sorge, dem bekannten Theoretiker und Musikschriftsteller. Diese Sonatinen erschienen in 3 Lieferungen von je 6 Stück. Der „italienische Geschmack“ äußert sich hier in der Nachahmung der Scarlattischen Spielmanier im Überkreuzen der Hände (I. halbe Dutzend Nr. 1) oder in der Verteilung von Spielfiguren auf beide Hände (III. halbe Dutzend Nr. 3). Diese 18 Sonatinen sind kleine dreisätzige Stückchen, alle einsätzig. Von einem „zweiten Thema“ ist noch keine Rede. Der erste Teil schließt in der Regel in der Do-

---

[1]) Ebenda 2. Jahrg. (1784) S. 357.
[2]) Ebenda 1. Jahrg. (1783) S. 483.

minante, in dieser beginnt auch der zweite Teil, der nach einer
kurzen Modulation in benachbarte Tonarten wieder zur Tonika
(dritter Teil) führt. Die 4. Sonatine des „ersten halben Dutzends",
die 5. des „zweiten halben Dutzends" und die 2. und 5. des
„dritten halben Dutzends" sind Andantesätze. Die letzte Sonatine
des „dritten halben Dutzends" ist in fugiertem Stil gehalten.[1])
Der dritte Teil ist nicht sehr unterschiedlich. Die spätere Sonatine
Sorges, „vor die Orgel und das Klavier gesetzt", ahmen mehr
die äußere Satzweise der Mannheimer nach als die innere Thematik.
Von dieser Sonatensammlung sah ich die erste Lieferung, ent-
haltend 3 Sonaten. Jede dieser Sonaten besitzt als letzten Satz
eine Fuge. Die beiden ersten Sonaten sind viersätzig. An dritter
Stelle findet sich eine „Arie", auf zweistimmige Art gesetzt, sehr
innig und melodiös in zweiteiliger Liedform. Der zweite Satz
der beiden ersten Sonaten ist je eine Andante, und zwar ein
dreiteiliges mit Durchführung. Der Andante-Satz steht in der
3. Sonate an erster Stelle, der dritte Teil, die Wiederholung des
ersten, ist hier reichlich geziert. In diesen Sonaten scheint Sorge
mehr von der norddeutschen Schule wie von den Mannheimern
beeinflußt worden zu sein. So finden wir z. B. in der 2. Sonate,
1. Satz das Thema antwortartig um einen halben Takt verschoben (1)[2]), oder im 2. Satz der 3. Sonate (2).

In Faists „Beiträgen zur Geschichte der Sonatenform"[3])
werden eine große Reihe von Komponisten aufgezählt, die alle
mehr oder weniger zur Entwicklung unserer heutigen Sonatenform beitrugen. Ausgenommen ist in diesen Betrachtungen
Ph. E. Bach, weil er seine ganzen Zeitgenossen derartig überragte,
daß er den Namen eines „Schöpfers des Sonatensatzes" nicht zu
Unrecht trägt. Es wäre jedoch irrig anzunehmen, daß das ganze
Verdienst, den Sonatensatz ausgebaut zu haben, einzig und allein
dem Namen Bach zuzusprechen sei. Die Bildung des modernen
homophonen Stils in der Klaviermusik speziell ist ja wohl Bachs

---

[1]) Vielleicht aus Reverenz vor dem Namen Bach (I. S.), dem das letzte
Heft gewidmet ist.

[2]) Die Ziffern beziehen sich auf die im Anhang abgedruckten Noten-
beispiele.

[3]) „Caecilia" 1847 S. 7 ff.

besonderes Verdienst. Aber die Thematik, Dynamik und besondere Eigenheiten in der Anordnung der Sätze haben eine andere Quelle, nämlich in der Orchestermusik, speziell in der Sinfonie der Mannheimer Schule. Der Einfluß der Mannheimer Sinfoniker auf die zeitgenössische und spätere Instrumentalmusik ist so groß, daß er sogar noch bis zum „letzten Beethoven" reicht.[1]) Die Mannheimer Sinfoniker haben bedeutende Verdienste in bezug auf die Anordnung der Sätze, ausgeführteste Pflege der Thematik und Dynamik. Das Haupt aller Komponisten ist A. Stamitz. So hoch auch Stamitz' Verdienst in oben erwähnter Hinsicht anzuschlagen ist, so sind doch Stil und „Manieren" der Mannheimer kein neues von Stamitz in die musikgeschichtliche Entwicklung hineingetragenes Element.[2]) Die sogen. Mannheimer „Manieren", besonders die „Seufzer-Manier" (3) finden wir auch schon bei einzelnen Vordermännern, und die Spur führt uns rückwärts auf Italien. Hier ist die Heimat der eigentlichen „Seufzer-Manier", der dynamischen Kontraste, der Forte auf schlechten Taktteilen, alles, was den Mannheimern aufs Konto geschrieben wurde, wurzelt schließlich in Italien.[3]) Fanden die Mannheimer auch alle diese Elemente in der italienischen Musik (Riemann sieht in Pergolesi einen vereinzelten Vordermann der Mannheimer), so ist es dennoch das Verdienst Stamitz' und seiner Schule, diesen Stil in die Instrumentalmusik und deutsche Elemente in die Homophonie der italienischen Sinfonien gebracht zu haben. Des wichtigen Einflusses halber, den diese Manieren auf die Klaviermusik ausgeübt haben, sollen dieselben hier in Kürze zitiert werden[4]):

Sehr häufig kommt es vor, daß das Thema allmählich eine Stufe höher rückt, was man eine „Walze" nennt, z. B. (4) oder wir begegnen thematischen Bildungen mit „raketenartigem" Aufstieg, z. B. (5), die auch einen breitspurigen, gespreizten Charakter annehmen können (6). Abwärtssteigend finden wir diese Bildung bei besonders „feierlichen" Stellen (7).

---

[1]) Denkmäler der Tonkunst in Bayern 1906 II, 1 S. XVI.
[2]) L. Kamienski, Mannheim und Italien, J. M. G. 1909, Heft 2 S. 307 ff.
[3]) Kamienski ebenda S. 308.
[4]) Nach Riemanns Einleitung zum II. Teil der „Mannheimer Sinfoniker", Denkmäler 1906 II, 1 S. XV ff.

Soviel über die Thematik. Bei den „Manieren" finden wir die Bewegung eines Tones bis zur Terz und wieder zurück als spezifisch „mannheimisch" (8).

Auch die Verzierung durch die Sekunde mit kurzem Vorschlag (9), die Riemann[1]) als „hüpfendes Vöglein" bezeichnet. Typisch sind auch die Terzen-Sekundenschritte und andere Intervalle, z. B. (10 u. 11) „Manieren", denen wir auch bei den Italienern häufig begegnen.[2])

Die großen Verdienste der Mannheimer auf dem Gebiete der Instrumentation würden ein eigenes Kapitel für sich beanspruchen. Für die Klaviermusik von Einfluß war dagegen nur die mannheimische Thematik und in zweiter Linie die Dynamik von weitgehendstem Einfluß. Riemann[3]) sieht bei den Mannheimern die Quelle des „Beethovischen" Pianos, nämlich p. subito bei ff. Weit gerühmt wurde das crescendo der Mannheimer. Burenz[4]) nennt Mannheim den Geburtsort des crescendo, während nach Mennicke[5]) nur der Name, nicht diese Tonschattierung selbst auf die Mannheimer zurückzuführen ist. Die Mannheimer hielten auf peinliche Ausführung der Schattierung im engsten Rahmen der Themenbildung.

Innerlich verwandt mit den Mannheimern, wenn auch in Einzelheiten selbständig, war die Berliner Schule. Den Begriff einer „Berliner Schule" finden wir erst in der Mitte des 18. Jahrhunderts.[6]) Ph. E. Bachs „Versuch über die wahre Art das Clavier zu spielen" und Quantz' „Anweisung die Flöte traversi zu spielen" sind als Quellen für die norddeutsche Stilistik und Ästhetik wichtig. Das Verfahren, ein Themamotiv zum Hauptinhalt eines ganzen Sinfoniesatzes zu machen, ist der Ausgangspunkt für die neue Polyphonie des Instrumentalstiles geworden. Nach Flueler[7]) sind die um einen halben Takt verschobenen

---

[1]) Denkmäler 1906, 1 S. XVI.
[2]) Kamienski a. a. O., J.M.G. 1909, Heft 2 S. 307.
[3]) Denkmäler 1906 II, 1 S. XVI.
[4]) Tagebuch 1733 II S. 74.
[5]) Hasse und die Brüder Graun als Sinfoniker, Leipzig 1906, S. 318.
[6]) Flueler, Die norddeutsche Sinfonie S. 11.
[7]) Ebenda S. 41.

„Antwortsbeispiele" z. B. (12) oder charakteristische Anfangsthemen im unisono (13) oder die um einen halben Takt ver-
schobene Nachahmung des Hauptthemas durch den Baß (14)
spezifisch norddeutsch. Weitere Merkmale für die norddeutsche
Schule sind das Auslaufen des Themas in Läufen, plötzliches Unter-
brechen des Seitenthemas durch Läufe. Mennickes „Hasse und
die Brüder Graun als Sinfoniker"[1] bietet ebenfalls Untersuchungen
über die norddeutsche Schule.

Der Mannheimer Stimmungswelt hat besonders Mozart neben
der formellen Anlage auch die wertvollsten Anregungen zu verdanken.[2] Stamitz' Einfluß reichte auch bis nach Frankreich.
Brenet[3] spricht das direkte Abhängigkeitsverhältnis Gossécs
von Stamitz aus.

Für die Entwicklung des Stils der Mannheimer war die
Lossagung vom fugierten Stil die Vorbedingung. Das alte (polyphone) Thema ist ein Melodiefragment, das durch alle Stimmen
läuft, das neue (homophone) Thema hingegen ist eine ganze in
sich abgeschlossene Melodie. Nach Mennicke[4] haben die Mannheimer zuerst dem „männlichen" Thema ein „weibliches" zur
Seite gestellt und den Kontrast wesentlich verschärft durch
häufige piano, forte, crescendi, legati, staccati und Mittel der
Rhythmik. Auch weist Mennicke[5] darauf hin, daß von Fasch
aus eine direkte Linie zu Stamitz führt, und so wurde, wie schon
erwähnt, die norddeutsche (Berliner) Schule mit der Mannheimer
verwandt.

Die Mannheimer bauen ihre Sätze innerlich thematisch auf.
Bei der Aufstellung des Themas sind alle Mittel des musikalischen
Ausdrucks beteiligt, Dynamik, Rhythmik, Harmonik, Artikulation.
Auch finden wir regelmäßig die beiden wichtigen Bestandteile
des homophon modernen Satzes, das zweite Thema und die Durch-
führung. Auch die kontrapunktische Arbeit als künstlerischer

---

[1] Leipzig 1906.
[2] Mennicke, Hasse und die Brüder Graun als Sinfoniker S. 9.
[3] Les concerts en France S. 200.
[4] Hasse und die Brüder Graun S. 19.
[5] Ebenda S. 65.

Gegensatz ist nicht Haydns, sondern Stamitz' Verdienst.[1]) Die reguläre Anzahl der Sätze ist vier. Die langsamen Sätze sind zweiteilig, das Thema erscheint im zweiten Teil in der Dominante. (Diese Art weisen Dusseks langsame Sätze in den Anfangssonaten auf.) Der Humor wird durch das Menuett vertreten, und auch in den schnellen Schlußsätzen findet sich noch geistvolle Thematik gegenüber dem inhaltslosen Geplänkel der Opernsinfonie. Keckes Umspringen im Ausdruck ist allen Mannheimern eigentümlich. Bei Stamitz fällt besonders die virtuos gehandhabte thematisch imitierende Baßstimme auf. Auch Richter pflegte den neuen Stil; seine Anfangsthemen haben etwas Gesangliches, das sonst nur den zweiten Themen eigentümlich ist.

Geistesverwandt mit D u s s e k ist Filtz, der sich in besonderen Eigenheiten, in ungraden Taktarten, die er häufiger anwendet, als echter Böhme zeigt. Jedoch ist sein Satzbau nicht so gediegen wie bei Stamitz.[2]) Dieses Merkmal der Böhmen werden wir auch bei D u s s e k verfolgen können.

Die Entwicklung der Sonatenform geht nun Hand in Hand mit der der Instrumentalmusik. Der Ausbau der Sonatenform würde daher zu Unrecht im Gebiete der Klaviermusik gesucht werden. Der Form gebende Faktor ist das zweite Thema. Dieses beschränkt sich zunächst auf den Kontrast zwischen Tonart, Rhythmus, Melodie. Den Hauptumschwung brachten die Berufsgeiger hinein.[3]) Stamitz war z. B. selbst ein guter Geiger, und so war es natürlich, daß die Aufmerksamkeit auf die Violine gelenkt wurde. So kam das Gesangliche in das zweite Thema. Der Klang des Cembalo war ja hierfür unbrauchbar.

Der erste Repräsentant der Mannheimer auf dem Gebiete der Klaviermusik ist Johann Schobert;[4]) und zwar ist Schobert hier als ein Österreicher in der Mannheimer Schule anzusehen und nicht als Epigone. Bei Schobert finden wir trotz der engen Anlehnung an die Mannheimer Schule Eignes in großem Maß-

---

[1]) Mennicke ebenda S. 70.
[2]) Mennicke ebenda S. 72.
[3]) Mennicke ebenda S. 76.
[4]) Denkmäler deutscher Tonkunst I. Folge Bd. 39 S. VI.

stabe, wir begegnen hier noch nicht der den jüngeren Mannheimern eigentümlichen Melodik. Seine Kompositionen pflegen besonders das Gebiet der Streichinstrumente mit obligatem ausgearbeitetem Klavier. Der Generalbaß wurde dadurch ausgeschaltet. Auch hierin waren ihm die Mannheimer vorangegangen. Schobert ist in erster Linie ein geistvoller Ensemblekomponist. In Schoberts Musik finden wir Wendungen, die an Stamitz, Richter und Filtz erinnern. Von den „Manieren“ begegnen wir am häufigsten den „Seufzern“ und dem „raketenartigen“ Aufstieg des Themas.[1]) Nicht mannheimisch, sondern eine Eigentümlichkeit Schoberts ist die Vorliebe für dunkle Tonfarben. Einen ganz stilreinen Mannheimer Satz repräsentiert z. B. die Violinsonate in D-moll op. 14 Nr. 4. Neu sind bei Schobert die perpetuum mobile als letzter Satz (z. B. in der Violinsonate op. 14 Nr. 4 und in dem F-dur-Trio op. 16 Nr. 4). Riemann findet eine Reminiszenz im Quartett op. 7 Nr. 1 Takt 21 mit dem Andante Stamitz' aus op. 1 Nr. 1. Der Einfluß Schoberts auf Mozart weiterhin ist unverkennbar. Leopold Mozart trug die vier ersten Klavierkonzerte seines Sohnes nur deshalb nicht in den vollständigen Katalog der Werke ein, weil sie nicht selbständige Kompositionen sind, sondern nur Studien, den Stil Schoberts sich anzueignen.[2])

Es wurde bereits gesagt, daß Philipp Emanuel Bach den ersten und bedeutendsten Anteil an der Bildung der neuen Sonatenform hat. J. A. Shedlock[3]) sieht in Bach die höchstentwickelte Form. Sincero[4]) rühmt bei Bach kühne Modulationen, harmonische Überraschungen, enharmonische Übergänge, Themendurchbrechungen in entfernte Tonarten, reichere und modernere Technik, häufigen Wechsel von p und f, schöne ästhetische Kontraste und aristokratische Eleganz. Er zitiert auch eine Ähnlichkeit mit Beethoven, nämlich die der Sonate in F-moll („Kenner und Liebhaber“ 3. Heft Nr. 3) mit Beethovens F-moll-Sonate

---

[1]) s. weiter oben.
[2]) Denkmäler I. Folge Bd. 39 S. IX.
[3]) The Pianoforte-Sonate (übersetzt von Olga Stieglitz, Berlin 1897, S. 45.
[4]) La Sonata di P. E. Bach („Rivista musicale“ 1898) S. 677.

op. 2 Nr. 1;[1]) er nennt vor allem die Durchführung echt „Beethovensch", und in der Tat wird ein Vergleich beider Sonaten manche Ähnlichkeit zeigen. Auch weist Sincero auf die nachdrückliche Einführung des „zweiten Themas" bei Bach hin,[2]) besonders schön gestaltet erscheint ihm das der D-moll-Sonate („Kenner und Liebhaber" 3. Heft Nr. 2). Die Form Bachs war allerdings, wie schon eingangs erwähnt wurde, bei den Mannheimern entwickelt. Wir finden neben vollentwickelten Formen auch noch viel Embryonales. Jedenfalls geht Eitner zuweit, wenn er bei der lobenden Hervorhebung einer Sonate von W. Fr. Bach daneben von den „Machwerken seines Bruders Emanuel" spricht.[3]) Auch ist Shedlocks Behauptung,[4]) daß der italienische Geschmack am Hofe des Preußenkönigs auf Bach eingewirkt habe, unhaltbar, da nach Mennicke[5]) nur die Oper, nicht aber die Instrumentalmusik in Norddeutschland italienische Züge trägt. Spitta[6]) kennzeichnet die irrige Auffassung von einer zu hohen Einschätzung Bachs. Auch Schweitzer[7]) sieht in Ph. E. Bach „nur ein Talent". Ganz rückständig ist die Meinung Bitters.[8])

Die Anordnung der Sätze in den Sonaten Bachs ist meist die gewöhnliche, zwei schnelle, ein langsamer in der Mitte. Bach gab dem ersten Satz lediglich durch einen in der Haupttonart stehenden Hauptgedanken seinen Charakter. Er übernahm also hier das, was er schon bei den Mannheimern vorfand. Das „zweite Thema" fehlt noch sehr häufig. Es wird durch modulatorischen Gegensatz ersetzt, d. h. gewisse Bewegungen und Figuren wenden sich bei Dursätzen in die Dominante, bei Mollsätzen in die Parallele. Jedoch weisen die ersten Sätze alle die Dreiteiligkeit auf. Der erste Teil endet meist in der Dominante. Ausnahmen hiervon sind selten (z. B. 3. Sonate von 1780, Finale

---

[1]) La sonata di Bach (Rivista) 1898 S. 682.
[2]) Ebenda S. 685.
[3]) In Hugo Wehrle, Aus alten Zeiten, Leipzig, Breitkopf & Härtel.
[4]) Klaviersonate (Übersetzung) S. 63.
[5]) Hasse und die Brüder Graun S. 85.
[6]) Zur Musik, Berlin 1892, S. 168.
[7]) J. S. Bach, Leipzig 1905, S. 161.
[8]) Ph. E. und W. Fr. Bach, Berlin 1868, II S. 143 ff.

in der Parallele der Unterdominante). Bachs besonderes Verdienst ist also die endgültige Feststellung der Sonatenform. Von Bachs Brüdern sind für die Entwicklung der Sonate besonders Wilhelm Friedemann und Johann Christian zu nennen. Wilhelm Friedemann Bach ist auch besonders als kühner Harmoniker zu erwähnen. Zu seinen Lebzeiten ist nur wenig veröffentlicht worden. „Sonate pour le Clavecin", Halle 1739, und „Sonate per il Cembalo", Dresden 1745.[1]) Nach Falk[2]) übertrifft der Stil der F-dur-Sonate für zwei Klaviere Friedemanns den der Sonaten Emanuels 1739—1745 bedeutend, die D-dur-Sonate (die erste der „Sei Sonate" per il Cembalo 1745) nennt Parry[3]) sogar die bedeutendste vor Beethoven. Das zeitweilige Verlegen des Themas in den Baß zeugt von dem Bestreben, die Klangfarbe der tieferen Klavierlagen auszunutzen. Hierin ahmt ihn auch Müthel nach. Die Ecksätze sind stets akkordisch begleitet. Die Technik ähnelt gelegentlich der Scarlatti (Überschlagen der Hände), wie denn Friedemann besonders in Dresden den italienischen Geschmack (Hasse) auf sich wirken ließ.[4]) Jedoch sind die Gesangsthemen im Prestoschlußsatz nach Falk[5]) Eigentum Friedemanns. In der Form hat er verschiedene Eigentümlichkeiten; so bringt z. B. die C-dur-Sonate von 1750 in der Durchführung nicht Material des Hauptgedankens, sondern nimmt einen anderen Gedanken zur Weiterbildung. Der Einfluß der Mannheimer ist bei Friedemann sehr deutlich zu erkennen. Falk[6]) zitiert den Mittelsatz der D-dur-Sonate von 1745 sowie das Autograph der Es-dur-Sonate, wo die Melodik und auch die Begleitung des „zweiten Themas" deutlich auf Mannheim hinweist: (15)

Bereits in der früheren Sonate von 1739 findet man alles, was zu einem modernen, entwickelten Sonatensatz gehört, wenn auch alles auf eine knappe Form zusammengedrängt. Der erste

---

[1]) Nach Weitzmanns „Geschichte des Klavierspiels" S. 47.
[2]) Fr. Bach, Leipzig 1913, S. 65.
[3]) In Groves „Music and Musicians" unter Sonate.
[4]) Falk, Fr. Bach S. 70.
[5]) Ebenda
[6]) Ebenda S. 78/79.

Satz weist schon ein deutlich erkennbares „zweites Thema" auf.
Dasselbe tritt im fünften Takt durch die Dominante vorbereitet
in dieser auf. Der Satz besitzt die vollständige dreiteilige Form,
den ersten Teil, der in der Dominante schließt, den zweiten Teil:
Hauptthema in der Dominante, kleine Durchführung; nach einem
Schluß in dem Dominantseptimakkord von F-moll erscheint das
zweite Thema in dieser Tonart, wodurch es etwas verdüstert erscheint, dann gleich darauf in der Haupttonart; in dieser wird
auch der erste Teil wiederholt. Friedemann Bach hat den
spielerischen Charakter der Sonate durch Tiefe und Leidenschaft-
lichkeit beseelt. Die Entwicklung geht von ihm durch Ph. E. Bach
zu Beethoven.[1]

Eine noch bedeutendere Stellung in der Sonatengeschichte
ist Christian Bach zuzuzweisen. Klauwell[2] rühmt ihn besonders. Bachs Geist ist mit dem Mozarts verwandt. Man weiß,
daß Mozart ihn sehr schätzte, und seine Musik wurde von dem
jungen Wolfgang am Wiener Hofe bevorzugt.[3] Auch Fleischer[4]
hat auf die Abhängigkeit Mozarts von Chr. Bach ausdrücklich
hingewiesen. Riemann[5] sieht in Chr. Bach besonders den För-
derer des neuen Stils. Die Mannheimer Schule (Stamitz) hat
auch hier einen großen Einfluß gehabt,[6] und unter den Vor-
kämpfern der Geltendmachung der Willensautonomie ist Christian
nach den Mannheimern eine starke Persönlichkeit.[7] Er schrieb
zwölf Klaviersonaten, sechs davon sind als op. 5 zusammengefaßt,
„dédiés à S. A. le Duc Ernest de Mecklenburg", die zweite,
dritte und vierte dieser Sonaten weisen zwei Sätze auf. Bei
der sechsten ist man im Zweifel, ob man es am Anfang mit
einem selbständigen langsamen Satz oder nur mit einer breiter
angelegten Introduktion zu tun hat. Besonders wichtig ist es,

---

[1] Falk, Fr. Bach S. 81.
[2] Geschichte der Sonate (Universalbibliothek für Musikliteratur, Köln
und Leipzig, s. a.) S. 18—20.
[3] Weitzmann, Geschichte des Klavierspiels S. 67.
[4] Mozart, Berlin 1900, S. 27 ff.
[5] Präludien und Studien Bd. 3 S. 173 ff.
[6] Schwarz, Chr. Bach, Sammell. S. M. G. Bd. 2 S. 401 ff.
[7] Mennicke, Hasse und Graun S. 79.

daß bei Chr. Bach das „zweite Thema" nicht nur gelegentlich, sondern bestimmt und konsequent auftritt, so daß wir auch in bezug auf die Schlußbildung die bei Mozart endgültig festgestellte Form erkennen können. So beginnt z. B. die D-dur-Sonate op. 5 Nr. 2 mit einem in D-dur gehaltenen Hauptthema von vier Takten, das wiederholt wird. Sodann tritt zunächst die linke Hand mit einem Baßthema in den Vordergrund zu einer lebhaften Sechzehntelbegleitung der rechten Hand. Nach erfolgter Modulation in den Dominatseptimakkord von E-dur beginnt das „zweite Thema" deutlich in A-dur. Dasselbe hat auch Anteil an der Durchführung, die sich hauptsächlich in E-dur und H-moll bewegt, und erscheint im dritten Teil in der Haupttonart. Das zweite Thema bringt Christian Bach nicht immer in der Dominante. In der C-dur-Sonate von 1776 z. B. steht der erste Satz in C-dur, das zweite Thema in E-moll, im dritten Teil in A-moll. Christian Bachs langsame Sätze zeichnen sich alle durch gesangliche Themen aus. Sie weisen die zweiteilige Liedform auf, die bereits von den Mannheimern angewandt wurde.[1]) Besonders hervorgehoben zu werden verdient vielleicht der langsame Satz der C-dur-Sonate von 1776. Es ist ein Andante „alla Siciliano"; im Sechsachteltakt benutzt es seltene und ungewöhnlich aufeinanderfolgende Harmonien.

Wegen des Einflusses auf den jungen Mozart nehmen also Schobert und Christian Bach eine besondere Stellung ein. Anerkennend hervorgehoben zu werden verdienen weiter Müthel, Nichelmann, Fasch und Benda.

In Müthel haben wir vorzugsweise den Techniker, der sich in glänzenden Passagen, Fingerwechsel auf einer Taste und ähnlichen technischen Aufgaben gefällt. Nichelmanns Sonaten, die zwar keine große Selbständigkeit verraten, da sie durchaus von Ph. E. Bach abhängig sind, werden dennoch anziehend durch ihren durchweg melodischen Charakter und ungewöhnliche Harmonien. Seine langsamen Sätze haben meist keinen selbständigen Schluß, sondern leiten in der Dominante zum letzten Satz über. In einem Falle verfährt Nichelmann auch sehr kühn

---

[1]) Mennicke, Hasse und Graun S. 70.

mit dem Tonartenwechsel, nämlich in op. 2 Nr. 5 stehen die beiden
Ecksätze in Es-dur, der Mittelsatz in H-dur! Fasch gehört zu
den interessantesten Komponisten des norddeutschen Kreises.
Seine Sonaten, von denen zwei in der Sammlung „Musikalisches
Mancherley" 1762 und zwei im „Musikalischen Vielerley" 1770 abgedruckt sind, zeugen von viel Geschmack. Das „zweite Thema"
kommt nur gelegentlich vor, so z. B. in der zweiten Sonate von
1770 finden wir im 21. Takt einen Ansatz dazu. Auch der berühmte Singspielkomponist in Deutschland Benda macht sich
durch das Bestreben, den Sonatensätzen einen bestimmten und
verständlichen Inhalt zu geben, verdient. Von ihm erschienen
1757 „6 Sonaten per il Cembalo solo", ferner eine in den „Klavier-
und Singstücken verschiedener Art".[1] Zu erwähnen ist, daß
Benda mit einer damals seltenen harmonischen Kühnheit vorgeht.
Die Sonate aus den Klavierstücken 1781 steht im ersten Satz
in A-moll als Haupttonart; im ersten Satz bereits begegnen wir
einer Ausweichung nach C-moll, im zweiten nach B-dur, dann
wieder nach A-moll zurück. Was das Technische anbelangt, so
ist es nicht uninteressant zu erwähnen, daß Benda bereits im
zweiten Satz dieser Sonate gebundene Oktaven verlangt.[2]

Eine gewisse Manier ist bei Benda darin zu finden, daß
sehr häufig die linke Hand beginnt, während die rechte mit dem
nachschlagenden Achtel beginnt. Unter 18 mir vorgekommenen
Sätzen war dies bei 9 der Fall.

Daniel Gottlob Türk wird wohl höchstens wegen seiner
1789 zu Halle erschienenen Klavierschule genannt, seiner Sonaten
aber gedenkt man viel zu wenig. Von Türk sah ich 12 Sonaten,
„6 leichte Sonaten" 1783 und „6 Sonaten größtenteils für Kenner".
Im Vorwort zu den ersteren sagt er: „Ich nehme auf solche
Liebhaber Rücksicht, die das Leichte und Gefällige dem Ge-
künstelten vorziehen". Hiller[3] sagt hierüber: „Es gereicht in
der Tat großen Meistern zu einer gegründeten Ehre, wenn sie
sich bisweilen zu den Fähigkeiten junger Anfänger herablassen".

---

[1] Weitzmann, Geschichte des Klavierspiels S. 43.
[2] Originalstich von 1781 lag mir vor.
[3] Wöchentliche Nachrichten die Musik betreffend, Leipzig 1766, IX. Stück,
S. 53.

Die leichten Sonaten scheinen sehr gefallen zu haben, da noch eine zweite Sammlung erschien. Jedoch sagt Türk[1]: „Schwerlich dürfte ich mich entschließen, noch eine dritte Sammlung dieser Art (leichte Sonaten) zu schreiben, da mir diese Arbeit zu eingeschränkt ist". Der Hallesche Musikdirektor war eine höchst praktische Natur, wie aus einer weiteren Stelle seiner „leichten Sonaten" hervorgeht. „Den guten Leuten, die ohne das geringste Gefühl, so wie sie es von Jugend auf gewohnt sind, auf dem Klavier herumpauken, habe ich nichts zu sagen. Mnsikfreunde sind auf meiner Seite und wissen, daß ein jeder Gedanke seinen eigenen Vortrag erfordert . . .", und weiter: „Ich wünsche, daß diese Werke auf dem Klavier und nicht auf dem Flügel, wo sie größtenteils eine schlechte Wirkung tun, gespielt werden". Auch gibt er im Vorwort genaue Anweisungen über den Vortrag, wohl durch das Vorbild der Mannheimer angeregt, und beruft sich auch auf den großen Bach, der in seinem „Versuch" auch ein eigenes Kapitel über den Vortrag habe. Das Wichtige bei Türk ist, daß seine „zweiten Themen" auch im gegensätzlichen Charakter zum Hauptthema stehen, sie sind dem straffen und rhythmischen Hauptthema gegenüber ruhig und sanft. Fälle, in denen das zweite Thema überhaupt fehlt, sind selten (2. Sonate 1789).

J o h a n n W i l h e l m H ä ß l e r ist in der Geschichte der Frühromantik eine wichtige Erscheinung und wohl in mehr als einem Punkte mit Dussek in Parallele zu stellen. Häßler war auch Schüler E. Bachs in Hamburg.[2] Er war eine grundmusikalische, dabei entschieden romantische Natur. „Ein hinreichender Drang zur Komposition nötigte ihn zum Schreiben."[3] Meinardus bezeichnet ihn in einem Aufsatz direkt als Geistesverwandten Schumanns.[4] Gegen den Vorwurf, ein „Abschreiber Bachs" zu sein, verwahrt er sich ganz energisch, er sagt[5]: „Ich überlasse es demjenigen Herrn Recensenten, der in der „Berliner

---

[1] Cramer, „Magazin der Musik" 1. Jahrg. Hamburg 1783, S. 367.
[2] Louis Köhler, Ein Vorläufer Hummels, V. f. M. 1872 Bd. 68 S. 4.
[3] Lebenslauf in den 6 Sonaten, 1787.
[4] „Allgem. Musikztg." 1865.
[5] Vorwort zu den „Clavier-Singstücken" 1782.

Bibliothek" bei meinen ersten Klaviersonaten mir die Ehre antat, mich mit dem Titel eines kühnen Abschreibers zu beehren und mit viel Zuversicht zu seiner musikalischen Literatur zu versichern, daß ich ganze Sätze aus den Bachschen Werken abgeschrieben hätte. Ich traue ihm soviel Sprachkenntnis zu, daß er weiß, daß es nicht einerlei ist, in der Manier eines andern zu schreiben, und ihn nachahmen und abschreiben". Von Häßler sah ich 3 Sonaten in der Sammlung der „Klavierstücke" 1776, 6 Sonaten 1779, 1 Sonate in den „Klavierstücken" 1782, 4 „Solos" (Sonaten) 1786. Der Schwerpunkt bei allen diesen liegt in der Melodik, die Durchführung ist weniger kontrastierend als melodisch umschreibend. Das zweite Thema ist nicht überall mit Sicherheit zu erkennen oder deutlich hingestellt (z. B. 1. Sonate 1776, 2. Sonate 1779 u. a.). Die Mannheimer haben auch hier bei der Thematik Pate gestanden, die „Seufzermanier" findet sich sehr häufig. In der F-moll-Sonate Nr. 3 der II. Sammlung 1782 ist sogar das ganze Thema davon gebildet, das in seinem Vorwärtsdrängen übrigens den echten Romantiker zeigt (16).

Häßler in seiner Bedeutung vollständig zu erschöpfen, würde eine eigene Arbeit beanspruchen. Nur einige Stellen mögen noch den Geistesverwandten Schumanns, von dem Meinardus spricht, zeigen: (17 u. 18)

Besonders hervorgehoben zu werden verdienen die Rezitativsätze, in denen nach Köhler[1]) die Anfänge der dramatischen Lyrik zu sehen sind. Formal eine Ausnahmestellung nimmt der erste Allegrosatz der Sonate op. 13 Nr. 2 ein, der in einem Andante schließt, das gleichzeitig den Übergang zum Schlußpresto bildet. Köhler[2]) vermißt bei Häßler den kräftigen inneren Gegensatz und die Gedankenbedeutung.

Während so alle die erwähnten Komponisten, und zwar noch manche andere — so sah ich z. B. noch Sonaten von Wagenseil, Walther u. a.[3]) — mehr oder weniger dazu beitrugen, die Sonatenform zu entwickeln und zu vervollständigen, ist es

---

[1]) Ein Vorläufer Hummels, V. f. M. 1872 Bd. 68 S. 4.
[2]) Ebenda S. 5.
[3]) Eine Sammlung Sonaten der zweiten Hälfte des 18. Jahrhunderts erschien in den „Oeuvres mélées" bei Haffner, Nürnberg, s. a.

außer den oben erwähnten Schobert und Christian Bach vor allem
noch Leopold Mozart gewesen, der auf den jungen Mozart
einwirkte. Schobert war sich seinerseits der Bedeutung des
Knaben wohl bewußt, dessen Vorwärtskommen er mit einer gewissen Eifersucht verfolgte.[1] Auch die drei Klaviersonaten des
Vaters sind auf diesem Gebiete eine wichtige Erscheinung. Auf
Leopold Mozarts Klaviersonaten hat Friedländer in einem kurzen
Aufsatz hingewiesen.[2] Ein Einfluß Ph. E. Bachs ist bei Leopold
Mozart kaum zu erkennen.[3] Weder die „Württemberg"- noch
die „Brandenburg"-Sonaten scheinen eingewirkt zu haben, eher
vielleicht die leichten langsamen Stücke des „Versuchs". Eine
größere Ähnlichkeit verraten die Werke Leop. Mozarts mit denen
Christian Bachs, die wahrscheinlich in Salzburg zu hören waren.
Die direkte Abhängigkeit von den Mannheimern ist leicht zu
erkennen, sie zeigt sich z. B. in der Themaverzierung des zweiten
Satzes der zweiten Sonate (1762) (19) in der zweiteiligen Anordnung
des letzten Satzes sowie in aus der Violintechnik übernommenen
Figuren (Anfangsthema des ersten Satzes der zweiten Sonate).
Friedländer[4] (20) charakterisiert den ersten Satz der C-dur-Sonate
als ein „Zwiegespräch zwischen einer herrischen und einer
schmeichelnden Stimme, von der die begütigende schließlich die
Oberhand behält". Die sehnsüchtig-chromatische Führung in
ausdrucksvollen Phrasen sind ein direkter Vorklang Wolfgangscher
Weisen. Friedländer[5] sieht ferner in dem Überschlagen der
rechten Hand in der C-dur-Sonate einen „Cello-pizzicato"-Effekt,
also alles Züge, die auf den Orchestersatz hinweisen. Die Menuette
sind noch hölzern, es fehlt ihnen noch die Wiener Einwirkung,
die wir bei Haydn finden. In der F-dur-Sonate macht sich besonders im ersten Satz in den leicht geschwungenen Linien der
Einfluß der Violine bemerkbar. Alle diese Beispiele zeigen den
starken Einfluß der Mannheimer, wiewohl Boßler[6] rügt, Leop.

---

[1] Denkmäler 1. Folge Bd. 39 S. V.
[2] „Musik" 4. Jahrg. Heft 1 S. 38 ff.
[3] Ebenda S. 40.
[4] Ebenda S. 39.
[5] Ebenda
[6] „Speyersche Realztg." Bd. 1 (1788) S. 82.

Mozart habe bei der Einrichtung seiner Violinschule nicht genug
Rücksicht auf die Kompositionen Stamitz' genommen. Der letzte
Satz der F-dur-Sonate enthält eine Tempomischung zwischen
Presto und Andante grazioso. Nach Friedländer[1]) ist gerade
dieses Andante für den jungen Mozart bemerkenswert bezüglich
der feingeformten Melodien und dem bezeichnenden Trugschluß (21).
Zu erwähnen ist, daß die Kompositionen des älteren Mozart
bereits alle für unsere modernen Klaviersonaten geschrieben sind.
Leop. Mozart wurzelt ferner auch auf dem Boden der Scarlatti-
schen Klaviermusik, wir finden keine Themenzerlegung und
keine Durchführung, dafür aber die Manieren der italienischen
Klavieristen, wie das Überschlagen der Hände u. a.

Zusammenfassend ist zu sagen, daß die Sonatenform, die
sich ursprünglich auf rein äußerlichem Boden bewegte, durch
die Mannheimer ihre bedeutendste Befruchtung auf thematischem
Gebiete erhielt. Ein Beispiel für beide Gattungen bietet uns
S o r g e; seine 18 kleinen „nach italienischem Geschmack" gesetzten Sonaten und die 12 (mehrsätzigen) Sonaten, in denen
eine wohltätige Beeinflussung nicht zu verkennen ist. Den Mannheimer Sinfonikern ist also zuzuschreiben: grundsätzliche Einführung des zweiten Themas, Kontrastrierung im kleinen, die
Viersätzigkeit mit dem Menuett an dritter Stelle, Ausbildung
der Durchführung, Individualisierung der Instrumente, besonders
der Violine (zweites Thema), Überflüssigkeit des Cembals als
Begleitinstrument.

2. Dussek, der Komponist.

Dussek gehört unter die Meister, die sich zwar dem Sinne
der Zeit fügen, aber nicht in sklavische Abhängigkeit von der
Manier dieser Epoche geraten. Er hält sich durchgehend auf
der Bahn des Romantischen und des Geistreichen, und zwar
nach seiner eigenen Weise, seiner interessanten Individualität
gemäß. Man kann nicht behaupten, daß alles, was Dussek geschrieben hat, lauteres Gold sei, aber unter die edleren Metalle

---

[1]) „Musik" 4. Jahrg. Heft 1 S. 39.

gehört es ganz bestimmt. Behaupten kann man, daß Dussek
sich ein hohes, würdiges Ziel geschaffen hat, daß er sich auch
in der ihm eigentümlichen Weise bemühte, nach diesem vor-
zudringen, und beides hat er, wenn auch einmal mit mehr, einmal mit weniger Glück, im Auge behalten. Werke wie sein
G-moll-Klavierkonzert oder die „Elegie auf den Tod Louis
Ferdinands" beweisen diese Behauptung. Man hat in einigen
Blättern seiner Zeit ihm Mängel vorgeworfen. Zunächst Unsauberkeiten im reinen Satz, die sich allerdings, wenn
auch nur an einigen Stellen, finden.[1])

Dann hat man ihm Unrhythmisches vorgeworfen, das er allerdings, namentlich in letzten Sätzen, anwendet. Dies ist nicht
zufällig erschienen und dem Mangel an Gefühl für inneren
strengen Rhythmus und Zügelung der Phantasie zuzuschreiben,
sondern Absicht. Dussek wollte damit dem Einfachen, das nicht
schon durch besondere Erfindung hervorsticht, eine interessante
Seite geben. Es ist dies wieder seiner romantischen Natur zuzuschreiben. Hat doch später gerade Schumann mit diesem an
und für sich so einfachen Mittel große Wirkung erzielt. Auch
macht man ihm den Vorwurf, daß er in der Wärme der Erfindung mit den einmal ergriffenen Figuren zu sehr in die Breite
gehe, die wohl dem Ohre angenehm, musikalisch aber sehr leer
seien. Von diesem Mangel ist er allerdings nicht ganz freizu-
sprechen. Dafür war er aber eben Klavierkomponist und selbst
Virtuose. Dussek war einer der ersten Komponisten, die fast
ausschließlich für Klavier mit oder ohne Begleitung schrieben.
Dieser musikalische Böhme hatte, gewissermaßen als ein Vorläufer Chopins, das Klavier zu seiner Lebensaufgabe machen
können, allerdings in den Grenzen seines Geistes. Er hatte das
Klavier durch und durch studiert und kannte es genau in seinen
Schwächen und seinen Vorzügen. Er fand, namentlich in seinen
gesanglichen Adagios, den spezifischen Klavierton. Dussek war
vor allem ein Meister der Pedalwirkung und schrieb als einer
der ersten seinen Gebrauch genau vor. Unter ihm sang das
Klavier wieder, nachdem es unter der Herrschaft der Technischen

---

[1]) Hierfür später ein Beispiel.

sich dieser seiner Aufgabe ziemlich entfremdet hatte. R o m a n -
t i s c h e Z ü g e finden sich bei ihm massenhaft, sie äußern sich
in chromatisch durchgehenden Halbtönen, ihren ungewöhnlichen
Harmonien, in plötzlichem unvermittelten Tonartenwechsel. Hierbei hat er eine gewisse Manier, durch einen Halbton entfernte
Tonarten aufzusuchen; solchen Stellen wird man sehr häufig begegnen, z. B. im 1. Satz der Sonate op. 35 von B-dur nach H-dur,
op. 44 1. Satz von Es-dur nach E-dur, op. 64 1. Satz As-dur
nach A-moll u. a. Diese Ausweichungen sind nie länger wie
5—6 Takte.

In den Stücken, wo er etwas von seinem nationalen Tem-
perament hineinlegen kann, besonders in letzten Sätzen, Rondos,
weiß er ganz famose frische und ursprüngliche Töne anzuschlagen.
Als erster arbeitet er hier spezifisch „böhmisch" mit dem dank-
baren Mittel der Synkopierung. Unter seinen Zeitgenossen ragt
er durch Sinnigkeit und Ursprünglichkeit der Erfindung hervor,
während Steibelt gefällig und gewandt bis zum Flachen, Woelfl
technisch unternehmend der Virtuosen- und Moderichtung angehören. Daß Dussek sich bemühte, die überlieferte Sonatenform nicht völlig erstarren zu lassen, sondern ihr immer neue
Seiten abzugewinnen, ist ihm hoch anzurechnen. Seine Werke
ermüden nie, jedes ist von dem anderen verschieden. Ja selbst
in den Stilarten herrscht rege Mannigfaltigkeit. Geist und
logische Durcharbeitung ist nicht seine bedeutende Seite, eine
gewisse spielfreudige Manier und leichtes Hinschreiben läßt sich
nicht verleugnen. Die letzten Sonaten machen allerdings hierin
eine Ausnahme. Hier erhebt er sich zu bedeutender Höhe. Viele
Stellen sind aus blasser Freude am Technischen, Schwierigen
und Unerhörten entstanden. Er leitet auch als einer der ersten
in die Bahnen der „Brillanz" ein und hat dadurch in gewissem
Sinne Weber vorgearbeitet.

Eine aufsteigende Linie in seinen Kompositionen läßt sich,
allerdings im Zick-Zack, etwa von op. 61 an verfolgen. In
mancher Hinsicht schließt er sich Clementi an,[1] auch Ph. E. Bach

---

[1] „Allgem. Musikal. Ztg." (Intelligenzblatt) August 1803 (Nr. 23), April
1812 (Nr. 15).

ist nicht ohne Einfluß auf ihn geblieben. Dussek schrieb Werke verschiedener Art für das Klavier, den Hauptbestandteil machen die Sonaten und die Konzerte aus. Neben diesen komponierte er noch andere selbständige Stücke, wie Fantasien, Rondos, Fugen und Variationen, auch Stücke zu 4 Händen und für 2 Klaviere. Eine Klavierschule erschien bereits 1796. An Kammermusik wäre zu erwähnen ein Quintett, ein Quartett, verschiedene Trios, teilweise mit Flöte. Die Benennung ist stets „Sonate", Violin- und Cellobegleitung „ad libitum". Dasselbe gilt von seinen Violinsonaten. Als Komponist entfaltete Dussek eine rege Tätigkeit, die Zahl seiner bezifferten Werke geht bis op. 77, mehrere Stücke sind oft unter einem opus vereinigt. Dazu kommen noch mindestens ebensoviel nicht bezifferte Werke.[1]

Der Stil seiner Werke ist natürlich, wie schon erwähnt, „virtuos", wie das bei einem vortragenden Künstler, der seine Kunst ins rechte Licht setzen will, ja auch erklärlich ist. Beide Hände werden einander gleichwertig gegenübergestellt. Alle Sätze, die langsamen sowohl wie die schnellen, besitzen reichlich Figuren- und Passagenwerk, oft sogar rein äußerlicher Natur. Dussek steht bereits im Zeitalter der Technischen, unter denen er einer der typischsten Vertreter ist Das Talent lag wohl in der Familie.[2] Was ihn aber von den meisten seiner Zeitgenossen rühmlichst unterscheidet, ist die ästhetische Berechtigung seiner Schwierigkeiten. Das hat man auch schon zu seiner Zeit erkannt. Die „Allgem. Musikal. Ztg." Nr. 35, August 1812, schreibt gelegentlich des Nachrufes zu seinem Tode:

„Dussek hat hin und wieder beträchtlich schwer geschrieben, doch wenigstens nirgends etwas so gesetzt, daß es nur durch oder als Schwierigkeit interessiere".

„Es liegt viel Edles und Sinniges hinter dieser Verschleierung verborgen", sagt Marx.[3] Chromatische Terzengänge, die wohl Dussek zweifelsohne von Clementi übernommen hatte, waren seine Spezialität (22).

---

[1] s. Verzeichnis.
[2] s. Dlabacz, Gerbers Lexikon.
[3] Schillings Universallexikon.

Auch die Vollgriffigkeit wird bei gewissen Effektstellen herangezogen (23).

Das Handgelenk sucht er auch namentlich in der linken Hand durch Oktaven[1]) zu fördern (24).

Es mögen hier noch einige zeitgenössische Zeitungsberichte über Dusseks Kompositionen folgen. „Allgem. Musikal. Ztg." vom 3. Februar 1802 (Nr. 19) schreibt:

„In einem Konzert des Herrn Düsart (Kammersänger des verstorbenen Königs von Preußen) gefiel besonders eine Sonate zu vier Händen von Dussek, die er mit Musikdirektor Schwenke spielte".

Dieselbe Zeitung schreibt anläßlich eines Nachrufes (Dezember 1814 Nr. 52):

„Seine Werke werden noch lange das Publikum vergnügen und erste Klavierspieler bilden helfen".

Und noch 1826 schreibt die „Cäcilia" (Heft 24 S. 285), daß berühmte Pianistinnen, wie die Liberati und Teresa di Porti, mit Dussekschen Sonaten großen Beifall fanden.

Die Sonaten.

Dusseks Sonaten bestehen zur größten Mehrzahl aus der üblichen Anzahl von drei Sätzen. Hierbei finden wir am Anfang einen schnellen Satz, dann einen langsamen und am Schlusse meist einen noch schnelleren wie den ersten.

Eine Zusammenstellung wie ein schneller Satz und zwei folgende langsame, wie Ph. E. Bach sie schrieb (3. Sonate im 3. Heft der „Kenner und Liebhaber"), und gar drei schnelle hintereinander sind mir nicht vorgekommen. Will man die etwas breitere Indroduktion der Sonate op. 45 Nr. 2 (die Indroduktion schließt zwar in der Dominante) als selbständigen Satz auffassen, so haben wir die seltene Zusammenstellung von zwei langsamen und einen schnellen in der Mitte. Von diesen drei Sätzen der Sonate stehen die meisten in diesem Verhältnis: erster und letzter Satz in derselben Tonart, Mittelsatz in einer nah ver-

---

[1]) Noch 1784 wurden Oktaven im „Musikalischen Almanach" (S. 17) als „neumodischer Hokuspokus" gebrandmarkt.

wandten, in der Paralleltonart (op. 9 Nr. 2 u. a.) meist in der Dominante, seltener in der Unterdominante (op. 39 Nr. 2). Aber Sätze, deren Tonarten weiter voneinander entfernt sind, die wir allerdings einmal bei Nichelmann finden (in op. 2 Nr. 5 Es-dur—H-dur—Es-dur) sonst aber in der Zeit noch allgemein als Seltenheit anzusprechen sind, finden wir bei Dussek schon häufiger. Z. B. in op. 44 stehen die Sätze der Tonart noch folgendermaßen: 1. Satz in Es-dur, 2. Satz in H-dur, 3. Satz (Menuett) in H-dur mit einem Trio in As-dur, Coda in H-dur, letzter Satz wiederum in Es-dur. Oder in op. 70: 1. Satz in As-dur mit Ausweichung nach E-dur und A-moll, 2. Satz E-dur, 3. Satz (Tempo di Minuette) As-dur mit Trio in E-dur, Finale in As-dur. Als Regel kann man aufstellen, daß bei den zeitgenössischen Sonaten, die einen Anfangssatz in moll besitzen, auch der letzte Satz dieses moll behauptet. Eine Ausnahme hiervon findet sich nicht. Auch hierin geht Dussek einen entschiedenen Schritt vorwärts, indem in seinen moll-Sonaten der letzte Satz sich in dur zeigt (C-moll-Sonate op. 35 Nr. 3 z. B.). Der modernen Anordnung kam er dadurch schon näher. Bei Anfangssätzen mit einer Einleitung steht diese meist auch in der moll-Tonart (nicht parallel), z. B. in op. 44, Es-moll, Es-dur.

Unter der gewöhnlichen Anzahl von drei Sätzen ist mir bei Dussek nur eine einsätzige Sonate vorgekommen: „La chasse". Aber diese Form war überhaupt sehr selten (Wagenseil, Müthel, Ph. E. Bach 6. Sonate von 1760). Dagegen nehmen die zweisätzigen Sonaten einen größeren Raum ein. Einen langsameren Satz am Anfang besitzt die Sonate op. 10 Nr. 2. Die meisten weisen zwei schnelle Sätze auf (op. 35 Nr. 1 u. 2, op. 43 u. a.). Selten ist in dieser Zusammenstellung ein schneller Satz am Anfang und ein langsamer am Ende (op. 39 Nr. 3).

Über die Zwei- und Dreizahl der Sätze kann man oft zweifelhaft sein, so in op. 45 Nr. 2. Den ersten langsamen Satz kann man insofern nicht als Introduktion auffassen, weil er hierfür zu breit ist; als selbständigen Satz könnte man ihn eher auffassen mit Überleitung zum Allegro. Wie Dussek unter der Dreizahl geblieben ist, so hat er diese auch vielfach überschritten. Die Sonaten op. 44, op. 70, op. 77 z. B. zählen vier Sätze. Bei

den ersteren findet sich an dritter Stelle ein Menuett oder ein
Scherzo. Aber auch die moderne Anordnung, die wir vielfach
finden, den Adagio-Satz an die dritte Stelle zu setzen, und das
Menuett bezw. das Scherzo gleich dem Allegro folgen zu lassen,
finden wir bei Dussek (z. B. in der Sonate op. 77 l'Invocation).
Will man diese Fantasie op. 76 zu den Sonaten rechnen, und
das könnte man, da die einzelnen Sätze alle abgeschlossen sind,
so haben wir sechs Sätze.

Der erste Satz.

Der erste Satz ist in den weitaus meisten Fällen ein Allegro.
Wie wir bei Türk z. B. sahen, hat sich in dessen 2. Sonate von
1789 im Schlußsatz (22. Takt) ein 8 Takte langer Orgelpunkt
auf b erhalten. Dies finden wir als Überbleibsel der alten Satz-
art bei Dussek, z. B. in der Sonate op. 10 Nr. 1 am Anfang
4 Takte im Baß und in der Sonate op. 10 Nr. 1 am Anfang
4 Takte a im Baß und in der Sonate op. 10 Nr. 3 gar 9 Takte
lang einen Orgelpunkt auf E. Der erste Satz ist in den zweisätzigen Sonaten nur ein langsamer. Der Satz ist regelmäßig
dreiteilig, Hauptteil, Durchführungsteil, Schlußteil (Wiederholung
des ersten in der Haupttonart). Das Ziel des ersten Teiles ist
die Dominante in allen Fällen. Während man noch gelegentlich
in dieser Zeit in der Unterdominante schloß (3. Sonate von 1780,
Bach), ist bei Dussek der Dominantschluß des ersten Teiles feste
Regel. Die Mollsätze dagegen schließen im ersten Teil in der
parallelen dur-Tonart (C-moll-Sonate op. 35 Nr. 3). Während auch
in den Sonaten der Zeit der erste Teil oft noch eine Masse
bildet, deren alleiniger Inhalt vom Thema bestritten wird, wie
wir das noch beispielsweise bei Müthel fanden, weisen die
Sonatensätze Dusseks alle die vollentwickelte Form auf das
Hauptthema, das „zweite Thema" und den Schlußanhang. Anfänge zu einem „zweiten Thema" fanden sich allerdings, wie
wir schon sahen; besonders gut entwickelt sind sie bei Christian
Bach und Türk, auch bei anderen. Aber es ist nur selten genug
entschieden vorbereitet und tritt nicht charakteristisch genug
in einen Gegensatz, es ist eher ein Seitenstück zum Hauptthema. Bei Dussek wird das „zweite Thema" zunächst auf-

fallend vorbereitet in dem Dominantanschluß, meist nach längeren Passagen tritt es dann in kontrastierender Ruhe auf.[1]) In Mollsätzen findet es sich in der parallelen dur-Tonart. In diesen „zweiten Themen" findet sich meist ein Einschlag ins Romantische, der durch die Anwendung von Halbtönen bedingt ist:

op. 9 Nr. 1 (25)

oder aus op. 9 Nr. 2, ähnlich (26) noch besser und von schönerer Wirkung finden wir es in op. 70 (27). In Moll tritt das „zweite Thema" in der parallelen dur-Tonart auf, z. B. in der C-moll-Sonate op. 35 Nr. 3, dies erinnert etwas an das Thema in Webers Euryanthe-Ouverture, wir haben hier die romantische Geistesverwandtschaft beider Komponisten (28). Das „zweite Thema" hat fast immer selbständigen Charakter, Fälle, wo es aus dem Hauptthema abgeleitet ist, sind seltener, z. B. Hauptthema in op. 23 (29 u. 30).

Ein gewisses Gefühl von Trivialität werden wir hier nicht überwinden können. Man sehe das Thema von op. 45 Nr. 1 hierauf an, auch hier finden wir direkt Triviales. Die Gefahr liegt bei Dussek, der alles sehr leicht und sehr schnell hinschrieb, sehr nahe. — Der erste Teil wird immer wiederholt. Zu bemerken ist, daß dieser den Schlußanhang, der bei den früheren Sonaten noch am wenigsten ausgeprägt erscheint, immer aufweist. Er ist meist auch aus Elementen des Hauptthemas gebildet, wie in op. 10 Nr. 2, op. 44 u. a. Der zweite Teil des ersten Satzes, der in den zeitgenössischen Sonaten sich noch sehr eng an den ersten anlehnt und nur gelegentlich in andere Modulationen von ihm abweicht, erfährt bei Dussek die mannigfaltigste Behandlung. In den zeitgenössischen Sonaten beginnt der zweite Teil meist in der Tonart, in der der erste geschlossen hat, also fast durchgängig in der Dominante. Wir fanden zwar Ausnahmen hiervon, z. B. bei Christian Bach u. a. Aber es sind dies eben nur zufällige Ausnahmen. Bei Dussek aber läßt sich ein wichtiger Fortschritt verzeichnen, der auch der beginnenden Romantik zuzuschreiben ist. Dussek verläßt nämlich die ausgetretenen Pfade und be-

---

[1]) In der Norddeutschen Schule war die Vorbereitung des „zweiten Themas" durch vorangehende Läufe heimisch (Mennicke, Hase u. Graun S. 153).

müht sich ganz auffallend, dem Anfang des zweiten Teils einen neuen Reiz zu geben. Daß der zweite Teil nicht in der Dominante der Haupttonart beginnt, ist bei ihm die Regel. Normale Fälle kommen sogar verhältnismäßig selten vor. Lieber beginnt Dussek den zweiten Teil in der Dominante der Paralleltonart in dieser selbst, oder er sucht noch entferntere Tonarten auf. Hierfür nur einige Beispiele für die große Anzahl und Mannigfaltigkeit der Formen.

In op. 9 Nr. 1 schließt der erste Teil in F-dur, der zweite Teil beginnt in D-dur (Dominante der Parallele). In op. 10 Nr. 3 schließt der erste Teil in H-dur, der zweite Teil beginnt in cis-moll (Parallele). Weiter in der Parallele oder deren Dominante beginnen z. B. der zweite Teil von op. 45 Nr. 1 in D-dur (Schluß des ersten Teils in F-dur). In op. 45 Nr. 3 beginnt der zweite Teil in fis-moll, der erste schloß in A-dur. Ähnlich die meisten Sonaten. Weiter entfernt sind beispielsweise folgende: In op. 35 Nr. 1 schließt der erste Teil in F-dur, der zweite beginnt in Des-dur. In op. 44 schließt der erste Teil in B-dur, der zweite beginnt in H-dur. In op. 47 Nr. 2 schließt der erste Teil in A-dur, der zweite beginnt in F-dur. In op. 75 schließt der erste Teil in B-dur, der zweite geht vermittelst des Akkordes $\genfrac{}{}{0pt}{}{\text{des}}{\genfrac{}{}{0pt}{}{b}{g}}$ nach F-dur. In der C-moll-Sonate op. 35 Nr. 3 schließt der erste Teil in der Parallele (Es-dur), und hier beginnt der zweite nicht in E-dur, sondern in der Dominante der Haupttonart (g-dur), um auf jeden Fall etwas Außergewöhnliches zu bringen. Der zweite Teil bringt in vielen Fällen nicht das Thema selbst, einmal selbständige Gedanken (wie in op. 35 Nr. 1, Nr. 2), aber auch Nebengedanken aus dem ersten Teil (op. 35 Nr. 3). Ein längerer gesanglicher Teil, gewissermaßen ein zweites Geigenthema (wie in op. 39 Nr. 2), ist an dieser Stelle allerdings selten.

Entlegenere Ausweichungen, die wir bei den Zeitgenossen nur ganz ausnahmsweise finden (Walther, Christian Bach), gehören bei Dussek gewissermaßen zum festen Bestandteil des zweiten Teiles. Eine direkte Manier ist bei ihm die Ausweichung in eine um einen Halbton höher oder tiefer gelegene Tonart zu nennen. So finden wir z. B. in der Sonate op. 35 Nr. 1 eine Ausweichung von B-dur nach H-dur, in op. 44 von Es-dur nach E-dur, in op. 64 von As-dur nach E-dur, nach a-moll, in op. 77 von As-dur nach A-moll u. a. Diese Ausweichungen sind selten länger wie 5—6 Takte. Die Durcharbeitung des Themas ist meist auf chromatisch-modulatorischem Wege. Hierfür nur ein beliebig herausgegriffenes Beispiel: (31)

Auch nur Bruchstücke oder Andeutungen des Themas finden sich. Zweifelsohne ist Dussek in dieser Beziehung von Clementi beeinflußt worden, wie wir weiter unten sehen werden. Auch hat Dusseks Durchführung vor den meisten der Zeitgenossen das voraus, daß sie harmonisch sehr kühn vorgeht, z. B. (32, 33).

Daß Dussek sich in dieser Hinsicht den großen Meistern anzuschließen suchte, ist leicht zu erkennen. Wenn ihm auch hierin die gewaltige Schöpferkraft eines Beethoven fehlte, so macht er doch Versuche, durch geschickte Durchführung das Thema zu erschöpfen und zu steigern, z. B.: (34, 35).

Das Ziel des zweiten Teiles ist die Wiederholung des ersten in der Haupttonart. Hierbei bedienen sich die Komponisten dieser Zeit fast durchweg des Hauptdominantenakkordes. Für Dussek ist auch dieses Mittel nicht absolut bindend. So schließt er z. B. in op. 44 in g-dur den zweiten Teil, das Thema beginnt in Es-dur. In op. 45 Nr. 3 in h-moll, das Thema beginnt in D-dur. Fälle, in denen der dritte Teil etwas Neues bringt, sind mir nicht bekannt. Wohl daß der dritte Teil eine kleine Abweichung bringt, z. B. wie in op. 75, wo das Thema ursprünglich in Es-dur zu Beginn des dritten Teils in C-moll auftritt.

Es ist oben gesagt worden, daß die polyphone Schreibweise in dieser Zeit noch gelegentlich angewandt wird. Wir fanden dies z. B. bei Christian Bach in op. 5 Nr. 6. In op. 77 bringt Dussek als zweiten Satz einen regelrechten Kanon, einen fugierten ersten Satz bringt er im Allegro der Sonate op. 45 Nr. 2.

Das Vorbild hierzu könnte Ph. E. Bach gewesen sein (36).

Auch für die Struktur des Themas in der langsamen Einteilung könnte man eine Parallele mit Ph. E. Bach ziehen. Die Bachschen Melodien weisen nämlich folgende Linienführung auf: (37, 38)

Auch Dusseks Thema der langsamen Einleitung trägt diese Struktur (39).

Was übrigens den Allegrosatz dieser Sonate anbelangt, so haben wir die umgekehrte Anordnung des Themas, von der wir schon einmal bei Nichelmann sprachen. Nämlich im elften Takt bekommt die rechte Hand den Part der linken, und umgekehrt. Weitere Ähnlichkeiten mit Bach finden sich in Dusseks A-dur-Sonate op. 10 Nr. 1. In der Anlage des Satzes wird man sehr an Ph. E. Bachs herrliche A-dur-Sonate (1. Heft „Kenner und Liebhaber", 4. Sonate) erinnert. Ein Vergleich beider Sonaten wird viele überraschende Ähnlichkeiten erkennen lassen. Hier nur einige Beispiele (40).

Auch die leichtere Art der Durchführung der Spielfiguren zeigen Ähnlichkeit: (41)

Auch verwertet der Schlußanhang Elemente aus dem 1. Takt des Themas: (42)

Durch den Anfang des Themas in Achtelwerten und die beiden Sechzehntel des ersten Taktes (43). Auch weist das rein Äußerliche der Schreibart Ähnlichkeiten auf. Die Oktaven der rechten Hand mit den Terzen in der linken (44) finden sich auch in dieser Sonate bei Bach (45) durch mehrere Takte hindurch.

Das romantische Element findet sich bei Dussek auch schon in den schnellen Sätzen, wenngleich in den langsamen ausgeprägter. Zunächst tritt es uns in den „zweiten Themen" entgegen, wo besonders Halbtöne chromatisch angebracht werden, hierfür hatten wir oben einige Beispiele. Auch die an anderen Stellen des Satzes befindlichen durchgehenden Halbtonschritte, dieses später bei Spohr so ausgeprägte Kunstmittel, ist als spezifisch romantisch anzusehen. Für diese sentimentalen Seiten, die bei Dussek recht zahlreich sind, nur ein Beispiel: (46)

Das Romantische kennzeichnet sich auch in ungewöhnlichen chromatischen Modulationen, z. B. in op. 35 Nr. 2 (Takt 50 ff) finden wir folgende Akkordstufen

a	g	f	es	es
f	e	des	c	b
c	c	as	as	g
a	c	des	es	es

Auch dynamische Vorschriften gehören zum Teil in dieses Bereich, z. B. in der Sonate op. 10 Nr. 2 haben wir in Takt 12 nach der Reprise erst den gebrochenen Akkord d, g im ff, dann plötzlich pp, h, f, as, d. In op. 39 Nr. 3 tritt nach der Reprise das Thema zunächst in Fis-moll auf, dann im nächsten Takt plötzlich und unvermittelt in F-dur! Ähnliche Stellen ließen sich noch viele anführen. Auch das spezifische Merkmal der Romantiker, das periodenartige Vorwärtsdrängen und Stürmen hat schon in Bach seinen Ursprung: (47)

Auch bei Dussek findet sich dieses Vorwärtsdrängen derselben Figuren jedesmal um eine Stufe höher: (48)

Der Einfluß Clementis zeigt sich zunächst einmal im rein Äußerlichen im Technischen, in der Schreibart, die die Bevorzugung der schwereren englischen Mechanik zur Folge hat. In dieser Richtung wären die Sonaten op. 43 und op. 44, die „Clementi gewidmete", zuerst zu nennen. Mit der Dussekschen Sonate A-dur op. 43 vergleiche man die Clementische A-dur op. 2. Um alle Parallelen anzuführen, müßte man den halben Satz abschreiben. Zunächst ein Beispiel für das Technische: (49)

Wer den Stil und die Schreibart beider Komponisten kennt, wird zugeben, daß solche Figuren bei Clementi zwar sehr häufig, bei Dussek aber sehr selten anzutreffen sind. Auch in der Durchführungsgruppe dieser beiden Sonaten finden sich im Technischen viele Ähnlichkeiten, z. B. die in Triolen-Sechzehntel abwärtslaufenden Passagen, die bei Clementi (Takt 36) übliche aufwärtsgehende Skala in 64 stel zum Schluß des ersten Teils, bei Dussek Takt 45. Noch viel deutlicher tritt dies alles in der Sonate op. 44 zutage, die für Clementis Stil und Technik eigens geschrieben wurde. Auch die Behandlung der Begleitung, die sonst bei Dussek leicht flüssig ist, bewegt sich hier in den etwas schwerfälligen fortrückenden Oktaven Clementis (50).

Wichtiger aber ist die thematische Beeinflussung von seiten Clementis. Die Scherzandos, die Clementi gleich Beethoven auf einen schlechten Taktteil legte, findet sich auch bei Dussek, diese Stellen sind natürlich sehr zahlreich, hier nur ein Beispiel: (51)

Clementis an Haydn und Beethoven gemahnende Art Bruchstücke des Themas bei der Durchführung zu verwenden (52).

Hat auch Dussek übernommen z. B.: (53)

Gelegentlich bemüht er sich auch, durch längeres Ausspinnen und Modulieren der Themenbruchstücke neue Seiten der Thematik abzugewinnen. Es könnte hier noch auf eine Stelle in der Durchführung der Sonate op. 35 Nr. 3 hingewiesen werden; das Thema, Anh. Nr. 34 angegeben, erscheint in Bruchstücken in der Durchführung folgendermaßen: (54)

Zweifellos wurde Dussek hierin auch von Beethoven angeregt, wenn es ihm auch nicht gelang, es der Schöpferkraft des Titanen gleichzutun. Auch den Nachsatz bildete er gleich Clementi aus Bruchstücken des Themas (55).

Über den Einfluß Clementis wird auch noch weiter unten bei den langsamen Sätzen zu berichten sein.

In den letzten Sonaten, von denen zum Schluß im Zusammenhang die Rede sein wird, erhebt sich Dussek im Aufbau der Sätze auf eine ziemlich hohe Stufe. An dieser Stelle lassen wir als Musterbeispiel seiner besten aufgebauten ersten Sätze den aus der Sonate op. 70 (Le retour à Paris) folgen, auch „Plus ultra" genannt. Ein Vergleich dieses Satzes mit dem Woelfls aus der Sonate „Non plus ultra" wird jede weitere Bemerkung überflüssig machen.[1]

Das Hauptthema des ersten Satzes (56) kündet gewissermaßen den Charakter der ganzen Sonate an. Ehe nun Dussek einen Schluß in der Dominante der herrschenden As-dur-Tonart macht, weicht er in die Mollparallele ihrer Quarte aus (Des-moll) durch den kleinen Nomenakkord mit Auslassung des Grundbasses. So überraschend das im allgemeinen klingen mag, so natürlich erscheint die Harmonie hier. Nach Verlauf von 12 Takten tritt folgender Gedanke auf (noch nicht das „zweite Thema") (57), der sowohl durch die Erfindung als auch die Art der Begleitung edel wirkt.

Vermittels der Umkehrung der Figur, wie wir etwas Ähnliches schon bei Nichelmann fanden, nämlich: (58) kommt Dussek nur zur Dominante. Das Skelett des nun folgenden Ketten-

---

[1] Dusseks Sonate ist nämlich, wie auf dem Titel steht, „en opposition de celle de Woelfl".

satzes wirkt fast trivial. Allein durch kleine Nachahmungen in kurzen Zeiträumen wird die Sache anziehender, man sieht (59), daß das nichts weiter ist wie (60).

Nach einem kurzen Einschnitt in Es-moll schreitet Dussek in wenigen Takten durch den gebrochenen Nomen- und verminderten Septimakkord von $\underset{7}{h\,9}$, welches er zunächst nach Es-moll ergreift (statt Ces-) auf folgenden Bässen nach H-dur:

$$\underset{\text{h his cis cis} \;-\; \text{dis}^!}{9 \quad 7 \quad 9 \qquad 7 \quad 9}$$

Hier in H-dur bringt er nun auf Achteln im Baß eine ganze Kadenz, was eine sehr wohltuende Wirkung hat. Nach einem 2 Takte langen Verweilen in dieser Tonart eilt er durch ein kurzes Unisono und zuletzt in chromatischer Fortschreitung nach b (statt ais!); macht durch Ces- in B-dur einen Einschnitt und schließt nun vollends ganz in der Dominante. In dieser tritt nun das Anh. Nr. 27 angeführte Seitenthema („zweites Thema") auf, das nicht allein durch die Melodie, sondern auch durch die begleitende Harmonie sehr anspricht. Reich verziert und mit Bewegungen versehen wird dieser Gedanke fortgeführt, bis sich dieser neue Gedanke anschließt: (61) der noch durch 3 Takte verschiedentlich modulierend fortgesetzt wird und ganz in der „brillanten" Art geschrieben ist, deren sich später Weber (z. B. in der As-dur-Sonate op. 39 u. a.) gern bedient.

Wir deuteten oben an, daß bei Dussek verschiedentlich Unsauberkeiten im Satzbau aufstoßen. Hier können wir ein Beispiel bringen, das, obwohl an und für sich nebensächlich und durchaus ungefährlich ist, der Vollständigkeit halber angeführt werden soll: (62)

Wiewohl die Hauptstimmen richtig fortschreiten, so bilden aber die Durchgangsnoten der Mittelstimmen, welche mit der Oberstimme in Anschlag kommen, reine Quinten, die vielleicht im ersten Augenblick das Auge, nicht aber das Ohr zu täuschen vermögen.

Der zweite Teil des Satzes nach der Reprise beginnt mit einem schon im 13. Takte auftretenden kleinen Nebengedanken, der ursprünglich in Des-moll, jetzt aber in Es-moll auftritt. Nach

einer Ausweichung in Ges-dur kommen wir durch eine Folge
verminderter Septimakkorde mit den Grundbässen: c, d, e, und
6 7
endlich durch c nach F-moll. In dieser Tonart hören wir nun
den im Anh. Nr. 57 angeführten Nebengedanken. Die Ideenfolge
ist übrigens der im ersten Teil analog. Nach der F-moll-Tonart
        6 7   7
haben wir nun folgende Fortschreitungen: des wird in cis ver-
                6
wandelt, nun gelangen wir auf Achtel-Kadenzen auf fis, gis nach
A-dur, von hier mittels eines Orgelpunktes von 2 Takten (wieder
                  b 9
ein Rest der alten, polyphonen Schreibart!) auf a durch 7
                —   a d
  6 7 5 9   6
e a 5 — und ebenfalls durch schnelle Kadenzen auf b c nach
Des-dur. Nachdem wir in dieser Tonart nochmals das Anh. Nr. 57
angeführte Nebenthema gehört haben, in Cis-moll begrenzt, geht
es wie die wilde Jagd durch lauter gebrochene Nomakkorde a h
         b 9
         7
des-, es-, f- nach B-moll und wieder durch c nach F-moll zurück.
Die Anh. Nr. 62 angegebenen Passagen (in den Quinten) werden
weiter verfolgt und in 3 Takten wieder auf einen Orgelpunkt c ge-
drängt.

Sie machen hier eine selbständige Kadenz und Fermate in
C-dur. Nun erhalten wir wieder As-dur als Hauptthema, das
diesmal durch eine kleine Modulationsänderung im dritten Takt
besonders gewürzt ist. Durch die enharmonische Verwechslung
des as in gis werden wir höchst angenehm in E-dur überrascht: (63)
Von G-dur kommen wir nach A-moll und von da so nach As-dur
       4 9 5   5   6 4 6 5
     9 6 2 3   3   6 7 2 3
zurück c, h, cis, —, dis, e, —, es, f, b g.

Der dritte Teil ist dem ersten gleich gebaut, das „zweite
Thema" erscheint hier in As-dur, der Haupttonart.

Aus der Analyse dieses Satzes möge hervorgegangen sein,
wie sehr Dussek die von ihm vorgefundene Sonatenform speziell

des ersten Satzes erweiterte und durch kühne Effekte ihr neue
Seiten abzugewinnen wußte.

Der Mittelsatz.

Der Mittelsatz bei Dussek besteht in der Regel aus einem
Adagio, Andante, Larghetto. Er soll den im ersten Satz dar-
gelegten Gemütszustand in ruhigerer Auffassung beleuchten und
den Zuhörer zum Nachdenken anregen. Leidenschaftlich bewegte
Stellen können daher nur vorübergehend darin Platz finden.
Man könnte bei den langsamen Sätzen Dusseks zwei, oder wenn
man will, auch drei Arten unterscheiden. Die beiden Haupt-
gruppen wären erstens leidenschaftslose ruhig gesanglich, zum
Teil stark romantische Adagios, zweitens solche, bei denen sich
die leidenschaftlichen Stellen bis zu unerhörter Kraft und Dramatik
steigern. Die dritte Gruppe bildeten dann die langsamen Sätze
rein äußerlicher Natur, mit Verzierungen und Passagen fast
überreich aufgeputzt. Glücklicherweise schrieb Dussek in dieser
Art nur sehr wenig. Die Grenzen sind bei diesen Gruppen
nicht genau zu ziehen, und selbstredend kann man auch mit
absoluter Pedanterie schon gar nicht einen Satz in diese oder
jene Klasse teilen wollen. Es soll auch hier gar keine sche-
matische Einteilung der Sätze vorgenommen werden, sondern es
soll das oben Erwähnte lediglich drei Gesichtspunkte sein, von
denen aus wir die langsamen Sätze betrachten wollen. Für
jede Klasse finden sich nämlich schon in den früheren Sonaten
Keime, die erst bei Dussek zu voller Entwicklung gelangten.
Die erste Art geht natürlich auf Ph. E. Bach zurück, z. B.:
"Kenner und Liebhaber" 1. Heft 1. Sonate. (64)
In demselben Geiste schreibt z. B.: (65)
Auch die melodischen, gesangvollen Linien in den Sech-
zehnteln, deren sich Clementi auch bedient (z. B. "Gradus ad
parnassum" I., Nr. 5) hat schon in Bach ihren Ursprung (66).
Aber diese Art der Sätze, die Dussek in seinen früheren
Sonaten anwendet, finden wir auch bei allen Bachschen Zeitgenossen,
und hierin wäre kein weiterer Fortschritt zu verzeichnen. Neu
ist hingegen die akkordliche, breite und pathetische Art, die
Sätze zu beginnen, deren sich Clementi sehr häufig bedient (67).

Diese Art kommt bei den Klavierkomponisten von 1750 ab
äußerst selten und nur zufällig vor (einmal bei Christian Bach
op. 5 Nr. 6); sie schreiben alle in der leichten meist zwei-
stimmigen Art Ph. E. Bachs. Für Clementis schwere Spielart
ist sie hingegen typisch. Bei Dussek haben sich diese Sätze
auf eine ziemlich hohe Stufe gehoben und tragen stark romantischen Anstrich. Außer bei Ph. E. Bach fanden wir gelegentlich
diese romantischen Züge bei Nichelmann (op. 2 Nr. 5) und ganz
ausgeprägt und sehr häufig bei Häßler. In diese romantische
harmonisch wohlklingende, träumerische Art verlaufen bei der
weiteren Entwicklung die anfangs nach dem Bachschen Vorbilde
langsamen Sätze bei Dussek. In dieser Art ist die meiste
Anzahl der langsamen Sätze gehalten.

In der Klasse der figurös überladenen Stücke kann man als
bestes Beispiel den von op. 10 Nr. 1 anführen (68).

Dieser Lauf erscheint nachher noch einmal abwärts und
wäre in Anbetracht der Kürze des Satzes und der vielen
übrigen Figuren erst recht zu entbehren. Wir haben es hier
mit rein äußerlichem Beiwerk zu tun. Auch dies finden wir
schon in den Sonaten vor Dussek. Man sehe daraufhin z. B.
den zweiten Satz (Largo) der G-dur-Sonate von 1782 bei Häßler
nach, um nur ein Beispiel herauszugreifen. Letzten Endes wurzeln
die Verzierungen in der französischen Klaviermusik (Couperin,
Rameau). Auch Clementi hat dieser Art sehr häufig Tribut
gezahlt (z. B. in op. 32 Nr. 3). Man vergleiche diesen Satz
übrigens mit dem Dusseks op. 35 Nr. 3; um die Ähnlichkeit
überall zu zeigen, könnte man den halben Satz abschreiben. Es
sind dies auch die Sätze, wo Dussek am unselbständigsten erscheint. Rein äußerliche Skalen hat er wohl von Clementi,
doch auch bei diesem in den ruhigen Gang der Melodie die
Skalen plötzlich wie störende Fremdkörper eindringen. Nach
dieser Richtung hin interessant zu vergleichen ist das Adagio
bei Clementi op. 32 Nr. 3 und bei Dussek op. 35 Nr. 3.

Die Sätze, in denen thematische Steigerung zu finden ist,
gehören allgemein mit zu Dusseks besten. Wir fanden Ansätze
hierzu schon bei Türk (1. Sonate von 1782 mit den FF-Unisono-
stellen und Nr. 4 des „grave e pomposo"). Bei Dussek machen

sich solche Stellen in den früheren Werken schon vereinzelt bemerkbar, so z. B. in op. 10 Nr. 2: (69). Dasselbe finden wir in den Takten nach der Reprise. Vorübergehend finden wir es auch z. B. im Larghetto der Sonate op. 45 Nr. 3 Takt 11 ff. im Mollteil. Alles dieses ist aber noch nichts Besonderes, z. B. erscheint das Thema des zweiten Satzes op. 44 (70) im Des-dur-Teil gesteigert: (71). Ihre bedeutendste Höhe erreicht diese Art des Ausdrucks in „Lento patetico" op. 61.[1])

Es wurde gesagt, daß in den langsamen Sätzen die meiste Romantik zu suchen ist. Und hierin unterscheidet Dussek sich sehr von dem in dieser Beziehung kühlereren Clementi. Schon bei Häßler begegneten uns diese chromatischen Akkorde, die ja vorzugsweise ein Ausdrucksmittel der Romantiker sind, das in Schumann später seinen Höhepunkt findet. Auch Dussek bedient sich dieses Ausdrucksmittels, z. B. aus op. 44: (72). Auch das dynamische von p zu FF und wieder pp ist zu beachten!

Auch tut sich die Romantik in plötzlichen unerwarteten melodischen Wendungen kund, so haben wir z. B. in op. 10 Nr. 2 im 12. Takt nach der Reprise den ff-Akkord g, d, b, dann plötzlich pp, d, h, f, as, oder im stufenweisen periodenartigen Wiederholen des Gedankens (73) oder in Echowirkungen (74), wobei besonders der feine Unterschied zwischen p und pp zu bemerken ist.

Als zwei der schönsten langsamen Sätze Dusseks sind wohl die von op. 44 und op. 45 Nr. 1 anzusehen, während der erste freier in der Form, romantisch-verträumt ist, ist der zweite fester gefügt, einheitlicher geschlossen und in seiner Harmonik und seinem Rhythmus eine Vorahnung Schuberts, aus diesem schönen „Adagio patetico" nur einige Stellen. Zunächst das Thema (75) erscheint dann in der weiteren Fortführung so: (76). Nach einem Ganzschluß erhalten wir dann das Seitenthema, das allerdings bloß einmal anftritt (77), gewissermaßen als kleine Episode, der ganze Satz wird sonst von dem Hauptthema zusammengehalten, das durch geschickten Harmoniewechsel immer

---

[1]) Hierüber weiter unten im Zusammenhang.

wieder in neuem Lichte erscheint. Wen erinnert z. B. diese Stelle nicht an Schuberts C-moll-Impromptu (op. 90 Nr. 1)? (78)

Das Thema erscheint gegen Schluß einmal mit 32 stel-Figuren im Baß und wächst zu dramatischer Größe empor in der Anh. Nr. 69 u. 71 angeführten Art. Zum Ende des Satzes kommt es wieder ganz zur Ruhe zurück und bildet durch veränderte Modulation besonders gewürzt den Schluß (79).

Betrachten wir die langsamen Sätze im Zusammenhang, so läßt sich auch hier eine bedeutende Entwicklung verfolgen. Die von op. 44 ab etwa sind großzügiger angelegt und reifer in der Form. Dussek bereicherte den langsamen Satz um wichtige neue Ausdrucksmittel. Häßler ist vielleicht der einzige außer ihm, der mit seinem Adagio aus dem zweiten Solo in die neue Zeit hineinreicht. Die übrigen Komponisten nach 1750 gehen nicht weit über das Vorbild Ph. F. Bachs hinaus. Die Liedform war der feste Bestandteil, in der nach Bach das Thema dreimal gebracht wurde, das zweitemal in der Quinte, das drittemal in der ursprünglichen Fassung. Ursprünglich sehen wir in den früheren Sonaten auch Dussek in diesen Bahnen, bald aber wächst er durch Hinzuziehung mannigfaltiger Modulationen weit über diese hinaus, auch durch den Zug ins Dramatische, der sich anfangs in kleinen Ansätzen geltend machte (Türk).

Die Schlußsätze.

Mit den Schlußsätzen betreten wir das Feld der eigentlichen Begabung Dusseks. Wir unterscheiden hier drei Arten, die sich im Lauf der Zeit herausgebildet hatten, die auch von Dussek übernommen und weiter ausgebildet wurden. Es sind dies das mehr etudenhafte „perpetuum mobile", der regelmäßige dreiteilige Sonatensatz und die Rondoform. Wir fanden das perpetum mobile bereits bei verschiedenen Klaviermeistern, deren Technik schon weiter ausgebildet war, so bei Türk (2. Sonate von 1789), Benda (6. Sonate von 1757), Häßler (1. Sonate von 1776, 4. Sonate von 1779) u. a. Dussek schrieb diese Art Sätze verhältnismäßig selten, vielleicht war er zu musikalisch hierzu. Clementi

hingegen bediente sich als Techniker dieser Art öfters (z. B. in
op. 8 Nr. 1). Bei Dussek haben wir beispielsweise in der Sonate
op. 9 Nr. 3 einen solchen Schlußsatz. Für Abwechslung ist dadurch gesorgt, daß einmal die rechte, einmal die linke Hand die
Bewegung übernimmt. Die Aufgabe, die der Komponist des
„perpetuum mobile" zu lösen hat, ist natürlich die, die Bewegung
abwechselnd durch verschiedene Tonarten zu führen, welcher
Aufgabe Dussek weitgehend nachkommt. Größer in der Anzahl
sind die regelrechten dreiteiligen Sonatensätze. Einer der schönsten
dieser Art ist der von op. 10 Nr. 3 Presto con fuuco. Über diesen
Satz schreibt Prout[1]: „Das erste wie auch das zweite Thema
erinnern unwiderstehlich an Mendelssohn, während die Schlußphrase fast identisch ist mit einer Stelle aus dem ersten Satz
der ‚schottischen' Sinfonie (Nr. 3 A-moll). Beruht dies auf Zu-
fall oder kannte Mendelssohn die Sonate und wurde bewußt oder
unbewußt durch dieselbe beeinflußt?"

Das erste Thema ist nun dies: (80)

Und hieraus abgeleitet das „zweite Thema": (81)

Die Schlußphrase erinnert allerdings ebenfalls an eine Stelle
des ersten Satzes von Mendelssohns „schottischer" Sinfonie[2]: (82)

Das Hauptthema aus op. 10 Nr. 2 zeigt sich ähnlich mit: (83)
Auch im weiteren Verlauf des Satzes läßt sich das Vorbild
Clementis wohl erkennen. Zu Beginn der Durchführung erscheint
dieses Thema in C-dur.

Diese Art Sätze unterscheiden sich schematisch von den
ersten dadurch, daß sie weniger bedeutend durchgearbeitet sind
und das „zweite Thema" nicht entscheidend genug hervortreten
lassen. Besser ist in dieser Beziehung das Finale der B-dur-
Sonate op. 35 Nr. 1, obwohl auch dieser Satz wie die meisten
ähnlichen zwar elegant und spielfreudig, aber ziemlich leicht
und oberflächlich angelegt ist.

Die weitaus meisten Schlußsätze sind R o n d o s.

Über die Entwicklung des Rondos werden wir durch

---

[1] „Musical Times", Sept. 1877.

[2] In der Partitur der Gesamtausgabe Breitkopf ist es die mit E bezeichnete Stelle.

Chrzanowski[1]) näher unterrichtet. Das Rondo fand seine erste und ausgiebigste Pflege in der französischen (Klavier-)Musik. Wir haben hier zwei Typen zu unterscheiden, den älteren, auf die italienischen Chorrefrains und Ritornelle zurückgreifenden, den neueren in der Form der Lully-Quinaultschen Arie, in dem die Zahl der Refrains auf zwei herabgesetzt wurde. Die starken Einflüsse der französischen Musik auf die deutsche verursachten eine frühzeitige Verpflanzung des Rondos. Diese Nachahmung des Franzosentums ist nach Chrzanowski[2]) sogar bei Joh. Seb. Bach zu finden. Bei E. Bach ist das erste Element beim Rondo „das Verändern beim Wiederholen", das der Meister selbst für unentbehrlich hält.[3]) Diese Bachsche Rondoform des fugatoartigen Stils und dem des französischen Rondos. Der Prozeß einer Rondobildung, der den Mittelsatz hervorbrachte, keimte ebenfalls in der französischen Musik.[4]) Das „Double" ist die Urform des zweiten Rondos oder Mittelsatzes. Das Menuett, das auch bei Dussek häufig in „Form eines Menuetts" (Tempo di Minnetto) als Schlußsatz auftritt, blieb in der Sinfonie an dritter Stelle bis zum Scherzo Beethovens. Das Menuett hatte zunächst die zweiteilige Form a, b mit zwei Wiederholungen. b beginnt in derselben Tonart, in welcher a schloß. Der Teil b gabelte sich bald noch einmal, indem in der zweiten Hälfte die Wiederholung von a eintrat. Nach Chrzanowski[5]) haben wir anfangs des 18. Jahrhunderts drei fertige Rondoformen: 1. die alte Form a—b; 2. die dreiteilige Form a (Schluß in der Dominante) — b —, Wiederholung a; 3. a mit Ganzschluß, b, a identisch mit dem Anfang, und hierin haben wir eine Rondoform zu sehen. Ein eingeschobener Teil, betitelt als 2. Menuett, ist oft der Platz thematischer Arbeit. Dusseks Menuett am Schluß der Sonatine op. 20 Nr. 1 ist ein derartiges Rondo. So wurde das Rondo durch Elemente der Sonatenform erweitert. In dieser Hinsicht

---

[1]) W. Chrzanowski, Das instrumentale Rondo und die Rondoform im 17. Jahrhundert, Leipzig 1911.
[2]) Ebenda S. 33.
[3]) Vorrede der 6 Sonaten, Berlin 1759/60.
[4]) Chrzanowski ebenda S. 45.
[5]) Ebenda S. 53.

hat sich auch Häßler verdient gemacht, der dem Rondo verschiedene Schlußanhänge zuführte.

In dieser Form sind auch viele Rondos geschrieben, die nicht
ausdrücklich als solche bezeichnet sind. Dem Rondo gab Ph. E. Bach
ebenfalls seine ausgedehnte Form. Er brachte es im 2.—6. Hefte
seiner Sammlung „Für Kenner und Liebhaber". Bach erweiterte
und verfeinerte allerdings nur die Form; daß es schon vorher
bestand und sogar außerordentlich beliebt war, ersehen wir aus
einem Ausspruch Forkels,[1] der offenbar sehr ungehalten darüber
war, daß Bach sich überhaupt zu der Herausgabe von Rondos
verstanden hatte: „Bach scheint sich in Rücksicht auf die Un-
geübteren zu der jetzt so beliebten und bis zum Ekel in allen
Klavierkompositionen vorkommenden Gattung der Rondos herab-
gelassen zu haben". Wer die Rondos aber kennt, kann diesem
Ausspruch Forkels schwerlich beistimmen. Bach gab dem Rondo
erst die Ausdehnung und Selbständigkeit eines für sich be-
stehenden Tonstückes. Das Hauptthema kehrt nach verschiedenen
modulierenden Zwischensätzen drei- bis viermal, ja im 1. Rondo
6. Heftes sechsmal wieder, auch im 2. und 3. Rondo des 2. Heftes und
im 1. des 6. Heftes fünfmal. Das Typische des Rondos ist bekanntlich
die mehrmalige Wiederholung des Hauptthemas.[2] Dies bildet also
den festen Grundbestand des Ganzen. Wir fanden das Rondo
als Schlußsatz auch schon bei den oben erwähnten Komponisten.
Sehr hübsche lieferten Häßler (op. 5 Nr. 4), Müthel (3. Sonate).
In diesen Rondos haben wir auch die einfachste Form. Meist
sind sie sehr kurz gehalten. Das in der Regel aus 3—6 Takten
bestehende Thema wird meist im F wiederholt. Häßler bringt
in der 6. Sonate von 1779 die einfachste Form: das Thema bei
zweimaliger Wiederkehr in der Haupttonart, zwei kurze Zwischensätze, die in der Dominante enden, und einen Schlußanhang in
der Haupttonart. Die Form bei Christian Bach unterscheidet
sich hiervon nur dadurch, daß das Thema auch einmal in anderer
Lage erscheint. So bringt er es z. B. einmal in der Quinte (in
op. 5 Nr. 4), einmal in der parallelen Molltonart (Takt $^5/_8$), nach

---

[1] Bitter, Ph. E. Bach S. 214.

[2] Dies kehrt bei Bach meistens wörtlich wieder; der seltene Fall einer
rhythmischen Veränderung $^4/_4$—$^{12}/_8$ findet sich im 1. Rondo des 3. Heftes.

diesem Schluß in der Molltonart wird der Hauptteil wiederholt (da capo sin al fino). Dasselbe beobachten wir bei Müthel, auch hier wird meistens der Hauptteil wiederholt (da capo).

Die Dussekschen Rondos sind zunächst auch aus dieser einfachen Form zu immer kunstvolleren Gebilden herangewachsen. Die Wiederholungen des Themas sind sowohl in derselben als auch in fremden Tonarten, variiert sowohl als auch in ursprünglicher Form. Die Zwischensätze bringen im allgemeinen selten Neues, sie bestehen mehr aus brillanten Passagen, weniger aus festen Gedanken, wo dies der Fall ist, sind es Bruchstücke des Themas. Die ersten Hauptgedanken machen ferner selten einen festen Schluß, sondern schließen sich an überleitende Gänge an. Die Zwischensätze bringen ebenso wie die ersten Sätze recht kühne Ausweichungen, was man jedenfalls bewundert hat. Die Rondos verstand Dussek sehr mannigfaltig zu gestalten. Die schnelleren, lebhafteren glühen alle vor Lebensfreude und Humor, es finden sich köstliche Stücke darunter. Auffallend ist, daß sich sehr viele in Es-dur oder B-dur bewegen, auch läßt sich eine gewisse Manier in der Themenerfindung und der Ausnutzung desselben nicht verkennen. Allerdings geht Gerber wohl zu weit, wenn er behauptet,[1] „ein großer Teil von ihnen scheint zu einer gewissen Art von Fabrikware zu gehören, welche gewöhnlich dutzendweise verkauft werden".

Die einfachsten Formen haben wir in op. 9 Nr. 1 und op. 32 Nr. 2. In diesen wird das Thema zunächst wörtlich wiederholt, es folgt dann bei beiden ein Zwischensatz in der Haupttonart, abermalige Wiederholung des Themas und hierauf ein Zwischensatz in der parallelen Molltonart, nach diesem Wiederholung des ersten Teils. Drei verschiedene Arten von Zwischensätzen weist bereits das Thema von op. 47 Nr. 1 auf. Hier haben wir einen Zwischensatz in der Haupttonart (D-dur), einen in der moll-Tonart (D-moll) und einen in der Unterdominante (G-dur). Hübsch und unterhaltsam aber, ohne in die Tiefe zu gehen, sind die tanzartigen Schlußrondos (so z. B. das Allegro da ballo in op. 45 Nr. 1). Wir fanden auch bei Türk (6. Sonate von 1783) einen

---

[1] Neues Lexikon Bd. 1 S. 967.

solchen mit Balletto bezeichneten Schlußsatz, der sich aber noch in den steifen, alten Bewegungen der Suitentänze gefällt. Wie flüssig ist dagegen das Thema bei Dussek (84). Ritornellartig kehrt dieser Gedanke immer wieder (85). Die Grenzen des Trivialen werden hierbei wie überhaupt im ganzen Satz bedenklich gestreift. Für Abwechslung ist durch die verschiedenen Tonarten gesorgt, in denen das Thema auftritt, einmal in Des-dur.[1])

Es wurde gesagt, daß das Thema auch einmal eine etwas veränderte Gestalt annehme oder sich am Zwischensatz beteilige, derartige Fälle finden sich aber selten, z. B. op. 35 Nr. 1 (86) erscheint einmal so: (87). Diese elegante, leichtflüssige Art weisen Dusseks meiste Rondos auf; sie sind gefällig, anregend, ohne in die Tiefe zu gehen. Eine Ausnahmestellung nimmt das Rondo aus op. 35 Nr. 2 ein. Wenigstens finden wir hier nicht die Dusseksche Eigenart, die für diese Gattung in Betracht kommt. Das Thema läßt sich in der breiten Notierung etwas pastoral an (88). Auch die Zwischensatzgruppen lassen es wieder erkennen (89). Ein ganz anderes, durchgearbeitetes Rondo steht in op. 44.

Das Anfangsthema (90), das durch die Synkopierung noch besonderen Reiz erhält, wächst später gleichsam zur Siegeshymne an (91) oder es erhält eine plötzliche elegische Färbung (92). Das sind Züge, die wir bei den Zeitgenossen noch nirgends finden, hier hat Dussek Neues gebracht. Auch das Rondo aus op. 75 gehörte in diese Klasse, doch soll hiervon weiter unten im Zusammenhang gesprochen werden. In bezug auf „Brillanz" steht wohl das Rondo aus op. 70 oben an. Es ist gleichzeitig eins der vielseitigsten und durchgearbeitetsten Rondos. Mit diesem Stück hat Dussek alle seine Zeitgenossen weit überflügelt. Das Thema selbst wirkt schon sehr zündend voll echt französischen Esprits (93). Für die Delikatesse, mit der dieses Thema vorgetragen werden muß, ist zu bemerken der plötzliche pp-Einsatz auf dem schlechten Taktteil nach den F grundierenden Bässen. Dieses Thema muß Dussek selbst sehr gefallen haben, denn es

---

[1]) Eindringen von Sonatenelementen, Chrzanowski S. 55.

wiederholt sich nicht weniger wie zwölfmal! Unverändert dann kommt es noch einige Male als Variation und Imitation vor; auch für den Zwischenteil muß es dienen als Grundlage der brillanten Passagen. Mit welcher Kunst wiederum Dussek das Thema gelegentlich mit einem Hauch von „Sentimentalität" zu umkleiden weiß, möge folgende Stelle zeigen: (94).

Das Seitenthema, das dieses Rondo besitzt, steht im Gegensatz zum Hauptthema und wächst gelegentlich etwas leidenschaftlich an (95). Auch ist in diesem Satz die Synkope des öfteren angewandt, so im zweiten Nebenthema, das ebenfalls mehrere Male wiederkehrt: (96). Dieses Stück ist in seiner Art für Dussek ziemlich merkwürdig, es ist ein Rondo, besitzt mehrere zweite Themen, die ebenfalls wiederkehren, enthält eine thematische Durcharbeitung, vereinigt Humor und einen leisen Einschlag ins Elegische. Für das Thematische noch ein Beispiel. Dieser auch häufig wiederkehrende Gedanke: (97) erfährt eine Rückbildung (98). Obwohl die Tonart As-dur die herrschende ist, kann Dussek es sich nicht versagen, kurz vor Schluß drei Takte nach A-dur auszuweichen (also wieder nur einen Halbton). Wir erwähnten oben, daß in den schnellen Sätzen sich oft gegen Ende eine langsame Stelle findet, wo das treibende Element einmal zur Ruhe kommt. Wir fanden dies bei Muthel, Benda u. a. In diesem etwas längeren bewegten Rondo Dusseks tut diese Stelle eine besonders gute Wirkung (99).

Auch l a n g s a m e Rondos schrieb Dussek eine beträchtliche Anzahl. Ph. E. Bach hat sechs von seinen Rondos in der Sammlung „Kenner und Liebhaber" mit Andante bezeichnet. So wird namentlich das Es-dur-Rondo, das 1. im 6. Heft, für die langsamen vorbildlich bleiben. Das was Dussek bei Bach vorfand, das Innige, Melodiös-Schwärmerische:

z. B. 1. Rondo 6. Heft (100)

oder 2. Rondo 4. Heft (101)

hat er noch viel weiter ausgebildet und mit einer fast verschwenderischen Fülle von warm empfundenen Melodien ausgestattet. Wir führen aus der großen Anzahl nur zwei an: op. 39 Nr. 3 und op. 45 Nr. 3. Das Hauptthema des ersteren ist dies: (102). Der Nebengedanke zu Beginn des zweiten Teils (193) führt plötzlich nach Des-dur: (104). Und auch das folgende halbtonartige Vorwärtsdrängen weist schon in die Zeit der Hochblüte der Romantik (105). Als Zwischenteil besitzt dieses Rondo einen etwas bewegteren moll-Teil. Der Schluß läuft in bewegte 32stel aus. Das andere Rondo aus op. 45 Nr. 3 besitzt dieses Hauptthema (106). Es trägt etwas wehleidigen Charakter, das „Gemüt" Ph. E. Bachs artet hier in elegische Empfindsamkeit aus; z. B. (107) Dussek kann sich in überschwenglichen Gefühlen nicht genug tun. Die Synkope wird hier zum aparten Ausdrucksmittel (108). Auch neigt Dussek in den langsamen Sätzen fast etwas allzusehr zu romantischen Grübeleien und Träumereien (109). Auch der Schluß zeigt ein gänzliches Ersterben (110). Es ist dies eine etwas ungesunde Art von Musik, und in dieser Richtung wird auch wohl Dusseks Einfluß auf den Prinzen Louis Ferdinand ungünstig gewesen sein.

Es erübrigt noch ein Wort zu sagen über die Zusammenstellung von vier Sätzen. An der dritten Stelle finden wir hier ein Scherzo bezw. Menuett, ganz in polyphoner Setzart, orgelmäßig, es ist dies noch ein Rest aus der Zeit, da Dussek die Orgel spielte. So finden wir z. B. in op. 70 dieses Scherzo (111). In dieser Art ist nicht nur das ganze Scherzo, sondern auch das Trio gehalten. In dieser Hinsicht etwas freier ist das Trio des Scherzo op. 44, während der Hauptteil und die Coda in genau derselben Art gehalten sind.

Fassen wir nun zusammen, was wir aus der Betrachtung der einzelnen Sätze Dusseks gesehen haben, so könnten wir dies sagen: Dussek bereicherte jeden Satz um wichtige neue Ausdrucksmittel. Wir sahen, daß in dem Sonatensatz, besonders was die Aufstellung eines „zweiten Themas" anbelangt, zwar schon hinreichend vorgearbeitet war. Aber die endgültige, absolute Notwendigkeit eines zweiten Themas findet sich beiläufig gesagt noch nicht einmal bei J. Haydn.[1] Dussek hat nicht nur stets ein „zweites" Thema eingeführt, sondern es auch in bewußten Gegensatz zum Hauptthema gebracht und es auffallend vorbereitet. Sodann hat er die Durchführung wesentlich ver-

---

[1] Faist, „Caecilia" 1847 S. 29.

breitert durch größere Modulation, Heranziehung entlegener Tonarten und vertiefte Thematik. In dieser Hinsicht hatte er in Clementi ein Vorbild, und in den letzten Sonaten ist er von Beethoven beeinflußt worden. Die langsamen Sätze bewegen sich zunächst wie die aller Zeitgenossen in den Bahnen Ph. E. Bachs, später aber werden sie selbständig, und durch effektvolle dramatische Steigerung, die aus anfangs kleinen Keimen emporwächst, kommen neue wichtige Elemente hinein. Das Schlußrondo führte er in jeder Art auf eine respektable Höhe, das schnelle in die Bahnen der Brillanz und des Humors (op. 70), das langsame in die Empfindungswelt der Romantik (op. 45 Nr. 2).

Zu seinen besten und bedeutendsten Sonaten bis op. 47 kann man vielleicht folgende zählen: op. 10 Nr. 1 A-dur mit seinem markanten und feurigen Anfangssatz. Auch die zweite op. 10 ist ein interessantes Stück (G-moll). Es besteht aus zwei gut kontrastierenden Sätzen, einem Adagio und einem Vivace. Ferner die zweisätzige B-dur-Sonate op. 23 mit einer besonders hübschen Durchführung im ersten Satz, die D-dur-Sonate op. 35 Nr. 1 mit einem sehr langen ersten Satz. Ferner op. 35 Nr. 3 eine der wenigen moll-Sonaten Dusseks, op. 39 Nr. 3 in B-dur, dann die Clementi gewidmete op. 44 in Es-dur, und B-dur op. 45 Nr. 1, die leider durch das triviale Anfangsthema im ersten Satz einen bösen Flecken erhält.

Wie bereits erwähnt, können wir von op. 61 (Elegie auf -den Tod Louis Ferdinands) an einen bedeutenden Aufschwung verzeichnen. Dusseks Musik wird von hier ab vertiefter, ernster, reifer. In seinen letzten drei Sonaten erreicht er sogar eine verhältnismäßig hohe Stufe. Zweifellos ist er wohl von drei Seiten beeinflußt worden: von Beethovens Ernst, von Webers Romantik und von Schuberts Poesie. Dussek hatte ein ruheloses, unstetes Leben hinter sich, er war von einem Ort zum andern gezogen, ohne viel mehr zu erreichen als äußerlichen Virtuosenruhm. Vielleicht empfand er im Alter etwas wie Enttäuschung. Der Zug der Trauer, der durch seine letzten Sonaten geht, läßt solche Gedanken aufkommen. Vielleicht mochte ihn auch das Gefühl, dem Lebensende näher zu sein, ernster stimmen. Wie dem auch sei, jedenfalls gehören die letzten Sonaten mit

zu den besten Beiträgen dieser Literatur und sollten in der
Bibliothek keines ernsthaften Pianisten fehlen.

Zu den letzten drei Sonaten zählen wir op. 70, 75, 77. Die
erste „Le Retour á Paris" ist oben schon in den einzelnen Sätzen
näher besprochen worden. Wir fügen hier nur noch hinzu, daß
sie in einer alten Ausgabe mit „Plus ultra" bezeichnet ist und
in Opposition zu Woelfls „Non plus ultra"-Sonate komponiert ist.
Woelfls Sonate dieses Namens ist heute vergessen. Und nicht
zu Unrecht, denn sie ist für uns heute durchaus uninteressant,
musikalisch ist sie ziemlich nichtssagend und das Ganze nur ein
Sammelplatz technisch schwerer Stellen. Sie steht in F-dur,
besitzt eine Adagioeinleitung, worauf ein höchst langweiliges,
fast nur aus Terzenpassagen bestehendes Allegro folgt; ein geist-
loses Andante vermittelt den Übergang zu rein technischen
Schlußvariationen über „Freut euch des Lebens". Mit Dusseks
Sonate verglichen steht sie überhaupt außer jeder Konkurrenz.
Auch in technischer Beziehung verdient Dusseks Sonate unsere
volle Bewunderung. Sie wurde auch noch mit op. 71 u. 64 bezeichnet.

Die Sonate op. 75 bringt zunächst ein Allegro ma non troppo
als Anfangssatz thematisch recht vertieft und von geschlossener
Gestalt. Beethovens strenger Satzbau scheint hier belehrend
gewirkt zu haben, so bestreitet Dussek den ersten Teil bis zum
zweiten Thema ausschließlich von dem Hauptthema. Die technischen Figuren sind hier Selbstzweck und aller Äußerlichkeiten
entkleidet. Der Schluß des ersten Teils, der Nachsatz wird gebildet vom Nachgedanken des Hauptthemas, so daß wir hier den
Eindruck des Ganzen und Geschlossenen noch erhöht finden.
Der zweite Satz Andante moderato atmet wieder die Poesie
Schuberts: (112)

Sehr wirkungsvoll und gegensätzlich ist der B-moll-Zwischen-
teil. Für die Form des Ganzen ist zu bemerken, daß der Satz
in Variationsform aufgebaut ist und das Vorbild hierzu wohl
Beethovens Andante in F war; auch die pp-32 stel-Figuren im
Baß zum Thema in der rechten Hand finden sich. Das Rondo
als Schlußsatz stammt mit seinen Vorgängern verglichen aus
einer ganz anderen Welt, das kündet schon gleich das Thema an (113).

Es ist ein Stück voll Innigkeit, Zufriedenheit und Verklärt-
heit. Formell ist zu erwähnen, daß die in früheren Rondos befindlichen Kadenzen vor dem Einsatz des Themas hier zu ge-
sanglichem wunderbaren Ausdruck geworden sind. Auch besitzt
der Satz zwei Zwischenteile, einen in C-moll und einen in As-
dur. Beethovens Thematik erkennen wir in dem Weiterspinnen
der Gedanken in Moll, z. B. (114).

Noch eine Stufe höher zu stellen ist die F-moll-Sonate op. 77
„l'invocation" betitelt. Sie hat in der Tat etwas Bittflehendes,
etwas wie die Sehnsucht einer aus quälenden Banden erlöst zu
werden wünschenden Seele. Sie kann als Dusseks Schwanen-
gesang gelten. Hier gab er sein Letztes, sein Bestes. Der inner-
liche Zusammenhang der vier Sätze, derselbe Ausdruck und doch
in anderer Form ist hier künstlerisch vollendet gelungen. So
beginnt gleich wie im op. 70 so auch hier der Hauptgedanke,
der die ganze Stimmung kennzeichnet, düster und tragisch (115).

Daneben gesellt sich ein Gedanke, der etwas fast ängstlich
Bittendes hat (116), später groß anwächst und durch die
„Beethovenschen" Synkopen fast etwas Zwingendes erhält (117).

Das „zweite Thema" tritt in As-dur auf, erscheint etwas
abgerissen. Die Durchführung im zweiten Teil steigert das
Thema z. B. (118).

Der Schluß des ersten Satzes ist leise verklingend, im gebrochenen F-moll-Akkord. Es ist eingangs schon gesagt worden,
daß das Adagio seinen Platz mit dem „Tempo di Minnetto" vertauschte. Letzteres ist zweistimmiger Kanon mit einem synkopierten Trio. Das Adagio ist eins der besten Dusseks, der
Zusatz ma solenne wäre eigentlich nicht nötig, denn durch das
ganze Stück geht eine Feierlichkeit, gepaart mit innigem Ausdruck der Freude und Rührung zugleich. Der Satz steht in
Es-dur mit einem kurzen Cis-moll-Zwischenteil. Das Schlußrondo erinnert im Thema sehr an den Schlußsatz aus Beethovens
Pathétique (119).

Sehr wahrscheinlich kannte Dussek Beethovens Sonate.
Auch dieser Satz ist von den früheren Rondos wieder ganz verschieden, ist thematisch gut durchgearbeitet. Zum Schluß erscheint nochmal der Anh. Nr. 116 angegebene Gedanke aus dem

ersten Satz, und dann erstirbt das Ganze leise im F-moll-Drei-
klang; während die anderen moll-Sonaten meistens in dur enden,
bleibt dieser bis zuletzt in tiefer Trauer.

Nicht ohne Grund haben wir die Betrachtung der Elegie
op. 61 an den Schluß gestellt. Denn sie ist zwar „en form de
sonate" geschrieben, besitzt auch zwei Sätze, ein Tempo agitato
mit einer Einleitung patetico und ein Tempo vivace e con fuoco,
inhaltlich sind die einzelnen Sätze aber mehr frei und fantasie-
mäßig. Es ist der schönste Nachruf, den Dussek seinem hohen
Freunde geben konnte, eins seiner besten und innersten Werke.
Wir lassen hier die Notiz vom 19. August 1807 der Nr. 77 der
„Allgem. Musikal. Ztg." folgen, die sehr sachlich und erschöpfend
die vielen Vorzüge und auch die wenigen Mängel bringt; wir
lesen: . . . „Seine Gefühle, sagt ich, habe der Künstler ausdrücken
wollen. Und so ist es auch, wer aber erwartet, Dussek werde
das letzte Schicksal des Prinzen, oder gar die Ereignisse bei
demselben, also eine Art Bataillen-Stück geliefert haben, der
irrt sich sehr. Von alle dem ist gar nichts zu finden. Dusseks
Geist und Geschmack verschmähten das und wußte seinen
Gegenstand höher zu fassen, wußten ihn innerhalb der vernunft-
gemäßen Grenzen seiner Kunst zu halten. Selbst an den Tod
wird man bestimmt nur durch die ersten Takte erinnert, wo
der Komponist sinnig, schön und rührend ohne alle Verzierungen
und nur in der tiefsten Oktave des Basses das höchst einfache
Thema von Haydns „consummatum est"[1]) angeben läßt. Das
andere ist alles einziger Fluß männlicher, edler Klage und für
seine besondere historische Bestimmung nur dadurch gebildet,
daß alles in dem Charakter, in der Form und auch in der Art
des Vortrags und in der Benutzung des Instruments geschrieben
ist, die der Gehuldigte in seinen letzten Lebensjahren so vor-
züglich liebte. Dussek hat dies alles nicht angegeben, auch
weiß ich nicht, ob er sich desselben schreibend überall klar bewußt gewesen ist, aber es ist da, und unverkennbar für alle da,
die den Prinzen in dieser letzten Zeit gehört haben.

Die Einleitung macht nach jenen zwei Takten ein Lento

---

[1]) Aus den „Sieben Worten des Erlösers".

patetico, wo ein aufregendes Gemisch sehr scharfer Modulationen, treibender gebrochener Akkorde und kurzer, äußerst wehmütiger Melodien, fast ohne grammatischen, nur nach ästhetischem Zusammenhange dargeboten wird, welches Lento dann in ein großes, wild dreingreifendes „Tempo agitato" übergeht, das sehr lang, seinem gleich anfangs bestimmten Charakter getreu, nur aber an einigen Stellen technisch angesehen zu gebrochen erscheint und den Zuhörer über manches im Zweifel läßt. Nach diesem schließt das Ganze ein acht große Folioseiten langes Tempo vivace con fuoco, wo der Komponist von Anfang bis zu Ende in synkopierten Noten nicht nur dem mit Heftigkeit klagenden und sehnsüchtigen Charakter, sondern auch den höchst einfachen Mitteln, wodurch dieser ausgesprochen wird, musterhaft getreu bleibt. Diesen Satz halte ich für die Perle des rühmenswerten Ganzen, und nur der Schluß auf der letzten Seite und ganz am Ende hat für mich etwas Unbefriedigendes, dem ich durch das allmähliche Nachlassen des Tempos, des Akzents und der Stärke des Tones bis zum Absterben noch nicht genügend abhelfen kann. Übrigens finden sich in dem ganzen Werke jene Vorzüge des Dussekschen Talents, die oben angegeben sind, überall und in so reichem Maße, wie kaum in irgend einem andern seiner Werke.

Der Stil des ganzen Werkes ist übrigens ungeachtet der großen ästhetischen Einheit und auch der Einfalt der aufgewandten Kunstmittel ganz frei — ja zuweilen ist dies vielleicht allzusehr. Die bedeutende Tonart Fis-moll bleibt bei allen drei Sätzen dieselbe, und die Exekution ist schwer, sehr schwer, ja soll alles mit vollkommener Sicherheit und Angemessenheit im vollkommen Flusse und mit der Seele, die darin liegt, dargestellt werden, zum Teil äußerst schwer. Aber wahrlich, man hat auch etwas dafür, wenn man sich der Mühe des Einstudierens nicht geschämt, nicht entzogen hat!"

„Es scheint das unvermeidliche Schicksal jedes Virtuosen zu sein", sagt Marx[1] „(dem nämlich seine Virtuosität, sein Instrument Hauptzweck geworden), daß seinen Kompositionen sich

---

[1] Schillings Konversationslexikon.

eine Manier aus den Werken seiner Hände, aus seinem Instrument
und dem Umgang mit ihm anhänge. So ist es auch Dussek er-
gangen, und wir werden uns um so leichter in das, was bei ihm
Manier ist, ergeben, wenn wir erst herausgefunden haben, wie-
viel Edles und Sinniges hinter dieser Verschleierung verborgen
liegt. Zu einsam wären die Hallen der Tonkunst, würden wir
anders, strenger, und man kann ebensowohl sagen unkünstlerischer
und inhumaner — verfahren und nur den Spitzen, den Gipfel-
punkten, in denen eine ganze Zeit, eine ganze Richtung kul-
miniert, unser Schauen zuwenden. Am wenigsten ist dergleichen
Abstraktion dem Künstler erlaubt, und gewiß wird kein Klavierspieler und kein Tonsetzer fürs Klavier Dusseks Werke
ohne reichlichen Gewinn durchstudieren. Was ihm
gelungen und was ihm gefehlt, beides wird lehrreich, jenes er-
freuen, dieses daneben zu verschmerzen sein."

III. Die Konzerte.

Zur Vorgeschichte des Klavierkonzertes hat Daffner[1]) wertvolle Ergänzungen geliefert. Das Klavierkonzert im modernen Sinne hat sich verhältnismäßig erst spät entwickelt. Das Soloklavier war ursprünglich ein Teil des Orchesterkörpers, ein Generalbaßinstrument, und noch Bach hatte es als solches in erster Linie im Auge, wenngleich er ihm schon einen größeren Spielraum an Selbständigkeit gab. So war auch der Gedanke, dieses Instrument als Soloinstrument zu benutzen, von den weittragendsten Folgen, da es mit einer alten Überlieferung brechen hieß. Dem Cembalo mangelte es zunächst noch an einer Virtuosenmaterie.

Der Begriff „Konzert" kommt nach den Feststellungen Daffners[2]) nicht von „concertare", sondern von „conserere", worunter wir soviel wie „zusammenspielen" verstehen. Der Begriff des „Wettstreitens" (concertare) wäre ja insofern berechtigt, als in der Tat die beiden Faktoren, Orchester und Klavier, in eine Art Wettkampf miteinander treten. Die Dreisätzigkeit der Konzertform stammt erwiesenermaßen aus der neapolitanischen Opernsinfonie.[3]) Diese Form wurde zunächst auf die Violine angewandt. Torelli († 1708) pflegte die Dreisätzigkeit sowie die strenge Scheidung zwischen Solo und Tutti ebenso wie Vivaldi (1680—1743). Bachs (J. S.) Verdienst ist es, die Bedeutung dieser neuen Kunstform erkannt und auf das Klavier (Cembalo) übertragen zu haben;[4]) zwar schrieb er zunächst noch Übertragungen von Original-Violinkonzerten, bald aber selbständige Klavierkonzerte. Die auf Scarlatti zurückgehende Technik machte sich

---

[1]) Das Klavierkonzert bis Mozart, Leipzig 1906.
[2]) Ebenda S. 3.
[3]) Kretzschmar, Führer durch den Konzertsaal Bd. 1 S. 39.
[4]) Spitta, Bach S. 312.

Bach natürlich zunutze. Das gegen Ende des 18. Jahrhunderts aufkommende Hammerklavier war ein gefährlicher Gegner des Cembalo, das es auch bald und mühelos überwand. Das ist um so leichter einzusehen, wenn man an den modulationsfähigeren Ton des ersteren denkt.

Nach Schering[1]) datiert der langsame Verfall des Cembalo etwa von 1760, der rasche von 1780 an. Dusseks Leben fällt also gerade in den Zeitraum des allmählichen Untergangs des Instrumentes unserer Altvordern. Daß er es selbst noch spielte, ist wohl anzunehmen. Das Hammerklavier verbreitete sich nicht nur in Deutschland, namentlich Süddeutschland, sondern auch in England sehr schnell. Hier lief es bald dem dort beliebten Harpsichord den Rang ab. Um 1760 ist daher auf englischen Notendrucken sehr häufig die Bezeichnung „for Harpsichord or Pianoforte" zu finden. Dussek bediente sich sogar noch 30 Jahre später während seines Londoner Aufenthaltes dieser Bezeichnung. Das Hammerklavier fand zunächst in der „Wiener Schule" liebevolle Aufnahme. Es sind nämlich in der Entwicklung des Klavierkonzertes schon zu Bachs Zeiten zwei Strömungen zu unterscheiden: die norddeutsche, die alte Cembalokunst, mit J. S. Bach als Hauptvertreter, und die süddeutsche, mit dem modernen Hammerklavier, die in Wagenseil ihren Hauptvertreter fand. Während die erstere den Begriff des Konzertes als „Wettstreiten" empfand und dementsprechend beide Faktoren als Ganzes zu vereinen suchte, kam die süddeutsche Richtung unserem modernen Konzertbegriff eigentlich näher, indem sie lediglich auf das Soloinstrument das Hauptgewicht legte. Beide Richtungen haben bis in die neueste Zeit ihre Anhänger. Die süddeutsche in Chopin und Liszt, die norddeutsche, die man mehr als „Sinfonie für Klavier und Orchester" bezeichnen könnte, in Beethoven und Brahms. Dussek ist zu den Wiener Meistern zu rechnen.

Wie schon erwähnt, wurde das Konzert von J. S. Bach und Walther als Klavierübertragung geschaffen, doch hatte, wie gesagt, auch bei den direkten Klavierkonzerten Bach das Cembalo als Teil des Orchesterkörpers im Auge.[2]) Bei ihm ist das Klavier

---

[1]) Geschichte des Instrumentalkonzerts S. 119.
[2]) Schering, Geschichte des Instrumentalkonzertes S. 130 ff.

nur „Stimme" im polyphonen Gewebe. Wir finden indes schon mehrere Tuttigruppen sowie eine strenge Scheidung zwischen Soli und Tutti.

Friedemann Bach ging noch einen Schritt weiter.[1]) Er legte mehr Wert auf die größere Beteiligung des Orchesters. 6 Takte ohne Beteiligung des Orchesters sind selten. Fr. Bach neigt der Art Beethovens und Brahm's zu, die eine Gleichberechtigung beider Faktoren erstrebte. Wir finden hier nicht lediglich ein äußeres Gefallen an der Solostimme, wie es in der Wiener Schule üblich war. Bei Fr. Bach finden wir in der Regel 2—4 thematisch verschiedene Tuttigruppen, wie bei den meisten zeitgenössischen Werken. Die erste Tuttigruppe steht in dur, die zweite in moll, Fr. Bach hat an der Mitarbeit an dieser Form großen Anteil. Der Mannheimer Einfluß, die „Seufzer"-Manier läßt sich besonders im F-dur-Konzert verfolgen.

Auch die Konzerte S c h o b e r t s zeigen schon eine hoch-entwickelte Form. Von Schobert sah ich drei Konzerte Es-dur, F-dur, G-dur op. 9. Der erste Satz weist in allen drei Konzerten genau dieselbe Anordnung zwischen Solo und Tutti auf. Nämlich: eine Tutti-Introduktion mit Schluß in der Tonika, dann ein Solo mit Schluß in der Dominante, hierauf ein kurzes Tutti; der Dominantenteil bringt die Durchführung im Solo ziemlich figurös gehalten. Der dritte Teil ist analog dem ersten gebaut mit einem kurzen Tuttinachspiel. Im zweiten Satz des Es-dur-Konzertes findet man reichlich die Mannheimer „Seufzerfigur".

Von Dussek sah ich folgende Konzerte: op. 1, 3, 14, 17, 22, 26, 29, 40, 50.

Über das Konzert op. 1 schreibt Cramer[2]): „In dem Konzert herrscht ein lebhafter und brillanter Vortrag, wir finden viel N e u e s u n d G u t e s, so daß dieser bis jetzt unbekannt gewesene Autor, der ein Böhme ist, das Gute in seinen künftigen Werken verspricht, dazu wir durch einen Mislewezek, Duschek u. a. seiner guten Landsleute schon sind gewöhnt worden". Dieses erste Konzert Dusseks ist mit seinen anderen verglichen ein durchaus embry-

---

[1]) M. Falk, W. Bach S. 97.
[2]) Magazin der Musik 1. Jahrg. (1783) S. 77.

onales Werk, das Soloinstrument steckt noch halb in den Schuhen
des Generalbaßinstruments, wie wir z. B. aus dem bezifferten Baß
ersehen, der auch während der Tuttizwischenspiele beibehalten
ist. Das Konzert ähnelt denen Schoberts sehr. Das Orchester
besteht wie bei den Zeitgenossen aus dem Streichquartett, 2 Oboen
(Flöten), 2 Hörnern. Tutti und Solo stehen sich als selbständige
Faktoren gegenüber. Nach einer kurzen Introduktion des Tutti,
die einen Ganzschluß in der Tonika macht, beginnt das Solo (120).
    Dieser, nur ganz kurze Teil schließt in der Dominante. In
dieser bewegt sich nun der folgende, die Abweichungen und
Modulationen sind noch sehr anspruchslos. Es folgt ein kurzes
Tuttizwischenspiel, das ebenfalls in der Dominante schließt, ebenso
das nächste Solo und Tutti. Hierauf bringt das Klavier zur
Abwechslung einmal das erste Thema in der Dominante und
schließt in der Tonika ab. Auch das Tutti bewegt sich nun bis
zum Schluß in der Tonika. Der letzte Soloteil zeichnet sich besonders durch Läuferwerk und Brillanz aus. Diesen figurativen
Teil finden wir bei allen Konzerten Dusseks. In den späteren
Konzerten steht er aber an zweiter Solostelle gelegentlich der
Durchführung. Diesen auf das Virtuose angelegten Teil finden
wir schon bei Schobert, hier beginnt er jedesmal (in den drei mir
bekannten Konzerten) bei dem zweiten Soloeinsatz in der Dominante.
Der zweite Satz dieses Konzertes kann, so klein er ist (nur einige
50 Takte), als Typ für die Anlage der langsamen Sätze Dusseks
gelten. Unterschiedlich ist hier bei der Anordnung, wie Schobert
sie benutzt, als auch von der übrigen Art der Dussekschen Sätze,
daß das Solo gleich mit dem Thema beginnt; das Tutti wiederholt diesen Gedanken, verändert aber den Schluß nach Es-dur,
in welcher Tonart nun das nächste Solo eine Kantilene ausführt.
Dies ist die einzige Abwechslung in diesem Satz. Der übrige
Teil bringt einmal im Solo, einmal im Tutti das Thema, wodurch
dieser Satz eigentlich noch ziemlich dürftig erscheint. Bemerkenswert ist, daß wir hier wie in allen mir bekannten Konzerten
Dusseks den einzigen Fall antreffen, in dem der zweite Satz
durch die Dominante in den letzten überleitet. Der letzte Satz
ist bei Dussek stets ein Rondo, und zwar beginnt das Solo mit
dem Thema. Dussek hat das Rondo besonders erweitert durch

zwei Zwischenteile, in der Regel in der Paralleltonart. Bezeichnen wir die beiden Themen mit a und b, so erhalten wir folgende Formel für das Rondo: a (Solo) — a (Tutti) — b (Solo) — Zwischenteil — a (Solo) — a Tutti) — Zwischenteil (A-moll) — Zwischenteil ($^6/_8$) Solo — Tutti — a (Solo) — a (Tutti) — kurzer Nachgedanke des Solo — a (Tutti). Im kleinen haben wir hier die Form der späteren Schlußrondos.

Das Konzert op. 3 in Es-dur bedeutet inhaltlich wie formal einen ziemlichen Fortschritt. Wir haben weiterhin zwei Gruppen der Konzerte bei Dussek zu unterscheiden, solche, die für Solo und Tutti einen gemeinsamen Gedanken haben, und solche, die einen jeweils besonderen Gedanken für das Solo und für das Tutti haben. Das erste Konzert konnten wir deshalb noch nicht zu dieser Betrachtung heranziehen, weil es noch nicht die Gegenüberstellung zweier Faktoren betont, sondern lediglich eine Abwechslung des Solo und des Tutti bringt, nach Art der zeitgenössischen Konzerte. Hier in op. 3 haben wir die bewußte Scheidung zwischen zwei ausführenden Körpern. Das Orchester soll wie bei allen anderen Konzerten „ad libitum" hinzutreten, auch scheinen keine Stimmen vorhanden zu sein.[1] Das erste Tutti bringt den Hauptgedanken des Solo wie auch des ganzen Satzes (121) in der Art, wie viele der Wiener Konzerte der Zeit beginnen, z. B. Wagenseils in C-dur: (122). Nach einem selbständigen Schluß in der Tonika nimmt das Solo diesen Gedanken auf sowie auch das meiste Themenmaterial aus der Einleitung. Das zweite Thema wird durch Läufe vorbereitet, wie wir das schon bei den Sonaten erwähnten. Das Tutti schiebt drei Takte in diese Läufe ein. Das zweite Thema erscheint in der Dominante, in dieser schließt auch der erste Soloteil ab, und zwar in einem langen, zweitaktigen Triller. Diese Stelle ist stereotyp nicht nur bei allen Zeitgenossen Dusseks, sondern auch bei allen späteren Romantikern und Klassikern (z. B. Chopin E-moll). Das nun folgende Tutti bereitet den Soloeinsatz sehr fein dynamisch vor, nämlich pp. (123)

Diese dynamische Schattierung verdankt ihre Anregung

---

[1] Exemplar aus der Kgl. Bibliothek Berlin.

jedenfalls den Mannheimern. Der folgende zweite Hauptteil bringt ziemlich modulierend die Durchführung, um dann im dritten Teil wie üblich die Wiederholung des ersten zu bringen. Das zweite Thema erscheint hier in der Tonika. Der Soloabschluß geschieht analog dem im Dominantteil in einem langen Triller. Das Tutti bringt ein drei Takte langes, akkordisches Nachspiel. Die Behandlung des Orchesters verrät an manchen Stellen den Einfluß Mannheims. Dieser äußert sich z. B. in folgenden Figuren, die als typisch mannheimisch anzusehen sind, nämlich in der erwähnten Walze: (124) (Takt 7 ff. im Tutti-Anfang), ferner in den „hüpfenden" Sechzehntelfiguren (125).

Die Solostimme ist virtuoser geschrieben als in dem vorhergehenden Konzert, die gebrochenen Oktaven (126) spielen eine große Rolle.

Der zweite Satz dieses Konzertes, ein Andantino, steht in C-moll, diesmal beginnt das Tutti mit dem Thema, das in Es-dur endet. Das Solo wiederholt diesen Gedanken etwas ausgesponnener. Wie alle langsamen Sätze, so besitzt auch dieser einen Zwischenteil (C-dur), gegen Schluß desselben leitet das Solo wieder zum Hauptthema über. Das Klavier übernimmt nun bis zum Schluß, wie in allen Konzerten, die Führung. Am Schluß finden wir eine kleine, drei Takte lange Koda. Etwas „Norddeutsches" kann man vielleicht im Tutti an den Stellen finden, in denen das Thema in den Stimmen um einen halben Takt verschoben wird [1]) (127).

Das Schlußrondo dieses Konzertes läßt sich auf die Formel bringen: a — ((:b, a:)) c — a — (moll - Zwischenteil) — a, — b — a. Der Hauptgedanke (a) wird ständig vom Tutti wiederholt (Refraingruppe). Das Schlußwort hat ebenfalls das Orchester.

Das F-dur-Konzert op. 14 nimmt dem folgenden F-dur-Konzert op. 17 gleich einen mehr lyrischen Charakter an. Dieser zeigt sich in der ganzen Linienführung sowohl des Orchesters wie des Solos. Während die Introduktion meist breite, pathetische Akkorde bevorzugen, beginnt diese: (128)

Dieses Einleitungstutti, das ziemlich ausgedehnt ist, hat

---

[1]) Flueler, Die Norddeutsche Sinfonie S. 59.

selbständigen Charakter und übernimmt von dem Solomaterial
nur das „zweite Thema", das auch hier schon in der Dominante
auftritt. Das Tutti macht einen vollständigen Schluß in der
Tonika; wie in Beethovens G-dur-Konzert, so setzt auch hier
Solo zart und weich ein (129).

Dieser Einsatz kennzeichnet schon den ganzen Charakter
des ersten Satzes. Das erste Solo bringt wie üblich nach pp
auslaufenden Passagen das zweite Thema und zwar zweimal
kurz hintereinander, seinen Abschluß erreicht auch dieser Teil
wieder wie der im vorhergehenden Konzert, in einem Triller. Nach
einem kurzen Dominantenzwischenspiel beginnt der durchführende
figurative Teil, in dem auch eine Art „zweites Thema" erscheint.
Dieser Teil moduliert nach längeren Passagen wieder zur Haupttonart (F-dur) zurück. In dieser wird nun der erste Teil wiederholt, zunächst das Eingangsthema im Tutti, dann der Soloteil
des Anfangs mit dem „zweiten Thema" in der Tonika. Das
Tutti endet mit einem 10 Takten langen Nachspiel den Satz.
Technisch steht das Solo schon auf einer weit entwickelteren
Stufe wie das des Konzertes op. 1. Während in diesem noch
mit dem Clavecin gerechnet wurde, ist hier bereits auf das
moderne Pianoforte Rücksicht genommen worden. Bemerkenswert ist, daß die Technik dem Charakter des Satzes entsprechend
polternde Oktaven u. dgl. vermeidet, dagegen Gelegenheit gibt,
sich in zarten Legatoläufen zu zeigen: (130)

Das im ersten Satz angewandte Mittel der zwischen den
beiden Faktoren verschieden verteilten Themen ist auch im
zweiten Satz (Adagio) beibehalten. Das Tutti beginnt zunächst
mit seinem selbständigen Thema, das in der Tonika abschließt.
Dann beginnt das Solo eine Art Antwort auf die vom Tutti
gestellte Frage. Dieser Teil des Solo ist sehr mit Läuferwerk
ausgeschmückt, ähnlich wie der langsame Satz der Sonate op. 10
Nr. 1. Nachdem das Orchester sein Anfangsthema wiederholt
hat, beginnt das Solo den in jedem Satz üblichen moll-Teil.
Dieser steht in B-moll. Zunächst erscheint das Solothema, das
Klavier übernimmt nun auch die Führung bis zum Schluß. Zu
bemerken ist, daß in diesem Satze im Orchester (2 Hörner,
2 Oboen, Streichquartett) die Hörner fehlen.

Das Schlußrondo ist eins der ausgebildeteren dieser Art.
Wir finden hier eine ständig wiederkehrende vom Tutti aus-
geführte Refraingruppe. Bezeichnen wir diese mit RG, das
Hauptthema des Solos mit a, einen Nebengedanken mit b, so
stellt sich das Rondo in dieser Form dar: a — RG — b — a — RG
(Minore-Zwischensatz) — a — RG — b — a RG. Wir sehen, daß
der Teil vor und nach dem Zwischensatz vollständig symme-
trisch gebildet ist.

Das zweite F-dur-Konzert op. 17 unterscheidet sich von dem
vorhergehenden zunächst dadurch, daß es kraftvoller gestaltet
ist. Das Einleitungstutti, das in der Tonika abschließt, bringt
das Solothema schon im Anfang, wodurch das Ganze straffer
zusammengefaßt erscheint. Der Soloeinsatz ist hier das „männ-
liche“ Gegenstück zu dem mehr weicher gehaltenen des vorigen
Konzertes (131). Das zweite Thema, das das Tutti bereits in der
Tonika gebracht hat, tritt hier wiederum durch Passagen vorbereitet
in der Dominante auf; in der bleibt der ganze Teil, der in dem
2 Takte langen Triller endigt. Nach einem Orchesterzwischenspiel
in der Dominante bringt das Klavier eine Art „zweites Thema“, das
dem eigentlichen an Melodieerfindung aber sehr nachsteht. Dieser
Teil läuft wieder in die Tonika aus und bringt hier das zweite
Thema (Einsatz des ersten Solo), was vom Orchester sogleich
wiederholt wird. Der dritte Teil kommt wie üblich auf den
ersten zurück. Das stereotype Merkmal des Trillerabschlusses findet
sich auch hier. In dem Tuttinachspiel soll nach Belieben eine
Kadenz eingelegt werden, wodurch das Soloinstrument eben bedeutend in den Vordergrund gestellt wird. Das Orchester besteht
in diesem Satz aus dem Streichquartett, 2 Hörnern, 2 Oboen.
Bemerkenswert ist der Abschluß des ersten Tutti, nämlich im
pp smorzando, wodurch der wuchtige Soloeinsatz besonders her-
vortritt. Auch in diesem Orchestersatz lassen sich überall Spuren
der Mannheimer verfolgen: z. B. der „raketenartige“ Aufstieg des
Themas (132). Für die breite und pathetische Art des Satzes
findet die Clementi-(Beethovensche) Betonung auf den schlechten
Taktteil Anwendung (133).

Der langsame Satz dieses Konzertes beginnt mit dem Klavier
das Thema, das vom Orchester wiederholt wird. Auch hier fehlt

der übliche moll-Zwischensatz nicht. Das Thema läuft gegen
Schluß des Satzes in feingegliederte Soloarabesken aus. Im
Schlußrondo bildet das Thema selbst gleich die Refraingruppe
für das Tutti. a und b seien die beiden Themen des Rondos,
so stellt sich die Form so dar: a — RG (Refraingruppe) — ((: b
— a — RG :)) Zwischenteil — a — RG — b — a (variiert).

Das B-dur-Konzert op. 22 bezeichnet wieder einen weiteren
Schritt auf dem Gebiete der „Brillanz". Nach einer Tutti-
einleitung mit selbständigem Schluß und Themenmaterial beginnt
das Solo: (134). Auf ähnliche Art setzen sehr viele „brillante"
Konzerte wie z. B. Hummel, op. 110. (135)

Die Anordnung des ersten Satzes ist die übliche, der Abschluß des ersten Teils durch die Dominante erscheint in einem
langen Triller. Der zweite Teil beginnt mit dem Anfang in
breiten Akkorden des ersten Teils. Diese Partie, die mit Läufern
modulierender Art reichlich bedacht ist, findet zunächst ebenfalls
durch einen Triller einen Abschluß in der Parallele (G-moll).
Das Tutti führt uns von dieser weg, wieder in die Haupttonart
zurück. Auch der dritte Teil bewegt sich in den üblichen
Bahnen, Schluß des Ganzen in einem Triller. Die Klavierstimme
ist mit brillanter Technik, wie chromatischen Terzen, schnellen
Sechzehntelpassagen usw. reichlich bedacht. Von den „Mannheimer Manieren" seien im Tutti die „Terzenschritte" angeführt: (136)

Der zweite Satz (Larghetto) besitzt nicht den üblichen
Zwischenteil in moll. Das Thema erscheint hier zunächst im
Tutti und wird dann vom Solo wiederholt. Gleich nach dem
ersten Einsatz bleibt das Klavier führend bis zum Schluß. Am
Anfang haben wir gleich eine Modulation nach Es-dur und
wieder nach F-dur zurück. Die vielen Arabesken und Läufe
am Schluß des Satzes umranken jedenfalls das Thema im Orchester.[1]

Das Schlußrondo besitzt für das Tutti eine eigene Refraingruppe. Die Anlage zerfällt in zwei durch einen Mittelsatz
getrennte vollständig gleich gebaute Teile. Das Thema steht

---

[1] Stimmen sind leider nicht vorhanden.

im $^6/_8$-Takt. Bezeichnen wir die beiden Themen des Solo mit
a und b, die Refraingruppe mit RG, so erhalten wir die Rondoform: a — RG — b — a — RG — (Mittelsatz) a — RG — b — a
— Schlußanhang (Läuferwerk).

Das Es-dur-Konzert op. 26 ist formal als eines der voll-
endetsten zu bezeichnen. Das Tutti bringt in einem längeren
Vorspiel bereits alle Elemente des ersten Satzes, einige nur an-
gedeutet, und macht einen selbständigen Schluß in der Tonika.
Darauf setzt das Solo mit dem Hauptgedanken ein (137). Das
zweite Thema wird wieder durch einleitende Läufe vorbereitet,
es steht in der Dominante und ist wie gewöhnlich unbegleitet.
Die Tätigkeit des begleitenden Orchesters beschränkt sich auf
wirksame harmonische Unterstützung des Basses, z. B. (138).

Dieser Soloteil findet sein Ende in der Dominante, wie gewöhnlich nach langem Triller. Das folgende Tutti und der erste
Teil des Solo bleiben ebenfalls in der Dominante. Die Durchführung,
die in diesem Konzerte besonders eine Gewandtheit und Be-
herrschung der Form verrät, bringt das zweite Thema auch
einmal in C-moll. In dieser Tonart schließt auch der ganze
Durchführungsteil. Das Orchesterzwischenspiel führt uns wieder
nach Es-dur zurück. Das Solo beginnt mit einer vorangehenden
Skalakadenz wieder das Hauptthema, womit der dritte Teil, der
eine ausgeführtere Wiederholung des ersten bringt, eingeleitet wird.

Das Larghetto ist in der Begleitung ohne Hörner gehalten.
Diesmal beginnt das Solo das acht Takte lange, in zwei Teile zer-
fallende Thema, das vom Tutti wiederholt wird. Der Mittelsatz
steht in G-moll. Entgegen der sonst üblichen Art der langsamen
Sätze schließt das Solo eher und läßt dem Orchester das letzte
Wort, das in pp ausklingend noch einmal das Thema bringt.

Das Schlußrondo ist auf dieselbe Art gebaut wie die übrigen.
Das Solo hat außer einigen Nebensätzen zwei Themen (a, b).
Die Refraingruppe des Tutti wird vom Thema gebildet. Der
Zwischensatz steht in C-moll. Besonders zu bemerken ist, daß
nach diesem Thema einmal nach C-dur transponiert erscheint,
ein hier zum ersten Male eintretender Fall, auch kehrt es ein-
mal in E-moll wieder. Zum Schluß bringt das Klavier pp das
Thema, das vom Orchester ff wiederholt wird. Das Thema ist

sehr prägnant, eines der schönsten Rondothemen für den Schlußsatz: (139)

Zu erwähnen ist noch, daß im ganzen Konzert die Bläser
zur Begleitung nicht herangezogen werden, sondern nur in den
Tuttistellen fungieren.

Das Konzert op. 29 steht in C-dur, die erste Einleitung des
Tutti ist langsam, Larghetto, $^3/_8$-Takt abschließend im Dominant-
septimakkord, darauf beginnt das Solo das Allegro im $^4/_4$-Takt
Der Einsatz ähnelt dem des Es-dur-Konzerts op. 26. (140)

Der Schluß des ersten Teils sowie das folgende Orchesterzwischenspiel stehen in der Dominante. Hierauf setzt das Solo
ein wie am Anfang, nur mit punktierten Achteln. Dieser Teil
ist sehr reich an Figuren, das zweite Thema steht naturgemäß
in der Dominante. Der erste Teil wird durch den herkömmlichen
Triller beendet. Harmonisch interessant ist der nächste Soloeinsatz. Derselbe beginnt in breiten Akkorden in G-dur und
fährt dann unvermittelt und plötzlich in Es-dur fort. Die Modulation bewegt sich von hier aus über C-moll, F-dur, B-dur nach
D-dur, G-dur. Dann erfolgt der nochmalige Einsatz des Hauptthemas. Das „zweite Thema" erscheint regelmäßigerweise im
dritten Teil in der Tonika. Auch der Schlußtriller fehlt hier
nicht. Der erste Satz zeichnet sich durch besonders geschmeidigen
Fluß und Melodik aus, das Tutti bringt in den Zwischensätzen
Selbständiges.

Der zweite Satz (Larghetto sostenuto) dieses Konzertes besitzt im Begleitungsorchester ausnahmsweise einmal die Hörner.
Das Tutti bringt zunächst das Thema, das dann vom Solo auf-
gegriffen wird, das es bis zum Schluß behält und verschiedentlich
durch Arasbesken aller Art aufputzt. Der Satz ist dynamisch
fein abgetönt, einzelne Anschlagsmanieren, wie pp staccato (141)
weisen auf die Stimmungswelt Chopins hin. Dieser langsame
Satz gehört zu den romantischsten Dusseks. Insbesondere sind
die Halbschlüsse, die wir schon im Thema selbst finden, von
schöner Wirkung (142).

Das Schlußrondo zeigt die vollentwickelte, reichgegliederte
Form. Das Solo besitzt ein Hauptthema (a) und ein weniger oft
wiederkehrendes, in der Dominante stehendes (b). Der Haupt-

zwischenteil des Satzes steht in C-moll, die kleineren Zwischensätze suchen nahe verwandte Tonarten auf, die Quinte und die
Parallele. Die Form des Rondos ist die: a — RG — b — a — RG — b
(transponiert nach A-moll) — a — RG — c — a — RG Zwischenteil
— a — RG — d — a — Schlußanhang.

Der Schlußanhang ist ein Fragen und Antworten zwischen
dem Soloinstrument und dem Orchester.

Eine eigene Stellung beansprucht das „Concert militaire"
in G-moll op. 40. Es besteht nur aus zwei schnellen Sätzen,
einem Allᵒ mod. und einem Rondo. Dussek hat den langsamen
Satz hier ganz fallen lassen. Bemerkenswert ist, daß das Orchester
hier auch Klarinetten aufweist. Die Angabe auf dem Titelblatt
für Orchester „ainsi qu'il a été executé au concert de l'opera
et dans les Oratorios du Theatre de Covent garden" belegt, daß
das Vorkommen der Klarinetten im Orchester sonst noch nicht
allgemein üblich war. Der erste Satz ist auf einem marsch-
artigen Rhythmus, der schon durch das Einleitungstutti charakterisiert wird, aufgebaut. Nach einem selbständigen Schluß in der
Tonika beginnt das Solo mit diesem Einsatz voll Schwung und
Feuer: (143)

Die ganze Solostimme besteht aus brillanten Passagen. Dieser
Teil endet wie üblich nach zwei Takte langem Triller in der Dominante. Das folgende Tutti, das jedesmal selbständige Themen
bringt, vermittelt den Übergang von der Dominante zur Parallele.
In dieser beginnt auch der neue Soloeinsatz, der einen Anklang
an das zweite Thema bringt und darauf zu der an Läufen und
Modulationen aller Art sehr reichen Durchführung übergeht.
Dieser Teil endet in der Hauptonart, in der eine kurze Zusammenfassung des Hauptteiles erfolgt. Besonders geschickt ist
es vom Komponisten, daß dieser Teil erheblich kürzer angelegt
ist wie die anderen dieser Art, da dieser Satz durch die fort-
laufend gleiche Struktur sonst leicht etwas zu lang erscheinen
würde. Das Schlußrondo ist eines der besten und brillantesten
der Dussekschen Muse. Im ³/₄-Takt ähnelt es fast etwas dem
Mazurka-Rhythmus, der sich auch schon im Hauptthema ausprägt:
(144). Die Refraingruppe (RG) hat folgendes Thema (RG) (145).
Außerdem besitzt das Tutti noch dieses häufig wiederkehrende

Thema A (146). Ferner spielen noch folgende beiden Solo-
themen eine Rolle (147). Die reichgegliederte Form des Rondos
hat nun diese Gestalt: a — RG — b — A — c — a — 1. Zwischenteil — a — RG — A — 2. Zwischenteil — a moll-Zwischenteil
— a — A — e — a (variiert) — RG — l — A — Solo-Nachspiel.
Auch in der Anordnung der einzelnen Glieder zeigt sich reiche
Abwechslung.

Das letzte Konzert, das hier besprochen werden soll, das
G-moll-Konzert op. 50, stellt die bestentwickelte Form der Dussekschen Konzerte dar. Dieses besitzt wieder die reguläre Form
von drei Sätzen und im Orchester Klarinetten. Dieses Konzert
ist wohl das romantischste der Dussekschen Muse, es ähnelt
sehr der Mendelssohnschen Stimmungswelt. Das Einleitungstutti
ist ziemlich ausgedehnt. Die Melodie ist weich und gesanglich,
ähnelt der aus dem F-dur-Konzert op. 14. Mannheimisch ist
vielleicht die Gegenüberstellung verschiedener Orchestergeizzen,
wie z. B. der Violinen und Klarinetten, sowie diese „verzögerte"
Melodieführung, die im Tutti, auch in dem weiteren Verlauf öfter
wiedererscheint (148).

Mit dem Schluß des Tuttis in der Tonika fällt der Einsatz
des Solos zusammen, der in brillanter Weise ähnlich wie in
op. 22 und op. 40 geschrieben ist (149).

Daß sich in diesen Soloeinsätzen eine allgemeine, feste Manier
herausgebildet hatte, zeigt z. B. das Mozart-Konzert Nr. 4 (Köchel
Nr. 41) (150).

Nach einem Schluß in der Tonika beginnt das Solo ein sehr
melodiöses Thema, das der Mendelssohnschen Muse sehr ähnelt (151).

Das „zweite Thema" erscheint in B-dur nach längeren Läufen,
in der Parallele schließt auch der erste Soloteil nach zwei Takte
langem Triller. Das Tutti, das den oben angeführten Gedanken
aus der Einleitung noch einmal bringt, führt zur Dominante der
Parallele (F).

Das Solo setzt nun in B-dur ein, ähnlich wie beim ersten
Male, nur in abwärtsgehenden Passagen. Der Durchführungteil
ist besonders stark modulierend, ähnlich wie in den großen Sonaten
(op. 43, 44 usw.) berührt er fernerliegende Tonarten, wie E-moll,
A-moll, As-dur, Cis-dur. Vor Beginn des dritten Teiles wiederholt

das Tutti kurz die sieben ersten Takte der Einleitung. Der dritte
Teil bringt die übliche Wiederholung des ersten, das zweite
Thema erscheint hier in Es-dur, und der Schlußtriller ist auf
sechs Takte angewachsen. Neu ist bei diesem das kurze ein bis
zwei Takte lange Eingreifen des Orchesters, z. B. (152). Dann
der Schluß, in dem das Tutti zunächst eine Reminiszenz des
Anfangs bringt, dann das Solo drei Takte aus dem ersten Einsatz, wodurch die beiden Hauptmomente am Schluß des Satzes
noch einmal vorgeführt werden. Der langsame Satz (Adagio)
hat ein eigenes Thema für das Tutti wie für das Solo. Die
Romantik prägt sich bereits in den Einleitungstakten des Orchesters
aus. Das Solo übernimmt gleich seit seinem ersten Einsatz die
führende Stellung bis zum Schluß. Das Adagio besitzt zwei
Zwischensätze in As-dur und E-dur. Der letzte Teil bringt
melodische Umrankungen des Themas, das jedenfalls im Orchester
auftritt.

Exemplar aus der Kgl. Bibliothek Berlin weist leider keine
Stimmen auf.

Das Schlußrondo zeigt in dem Hauptthema (153) wieder
ähnlich wie der Schlußsatz aus der E-dur-Sonate op. 10 Np. die
Verwandtschaft mit Mendelssohn. Die Refraingruppe (RG) steht
dazu antwortend in der Quinte (154). Außerdem findet sich
noch ein oft wiederkehrender Gedanke des Tutti sowie ein zweites
Solothema (b) (155).

In diesem Rondo tritt das Hauptthema auch wiederholt in
variierter Gestalt auf, z. B. (156) oder (157). Auch der Zwischensatz (G-dur) dieses Rondos enthält manche Variationen des
Themas. Die Form des Rondos stellt sich nur so dar:

a — RG. — a (var.) — a — A — a (var.) — b — a — Zwischenteil (G-dur) — a — RG — b — a (Tutti) — a (Solo) A.

Neu sind in diesem Konzert auch die kurzen blitzartigen
Einwürfe des Orchesters, z. B. (158). Ein Vergleich mit den
vorhergehenden Konzerten wird einen Fortschritt deutlich erkennen lassen. Das Konzert op. 1 stand noch ganz auf dem
Boden der alten Schule für „Clavecin" oder „Pianoforte" und
war, wie wir aus dem bezifferten Baß ersehen können, noch halb
und halb das alte Generalbaßinstrument Bachs. Op. 3 zeigt schon

den Einfluß der entwickelten Sonatenform und des Mannheimer
Instrumentalstils, ferner deutliche Trennung der beiden Faktoren
des Klaviers und des Orchesters. In der weiteren Entwicklung
finden wir zwei Gruppen Konzerte, solche, die je ein Thema
für Tutti und Solo haben, und bei denen der Hauptgedanke des
Solos bereits vorher im Tutti gebracht wird (op. 26).

Der erste Satz weist in der Anordnung zwischen Soli und
Tutti die bereits bei Schobert vorhandene Form auf. Zunächst
das Tutti, das meist selbständig in der Tonika schließt, seltener
überleitend in der Dominante (op. 29), sodann der erste Soloteil,
der regelmäßig in der Dominante nach einem zwei Takte langen
Triller schließt. Das zweite Tutti bleibt entweder in der Dominante oder moduliert nach der Tonart, in der der zweite (Durch-
führungs-) Teil beginnt. Die Solostimme des Durchführungsteils
ist besonders virtuos gehalten. Der dritte Teil bringt die Wiederholung des ersten meist in erweiterter Form. In op. 50 haben
wir zum Schluß noch einmal die Zusammenfassung der beiden
Themen, das Tutti bringt eine kurze Reminiszens an den Anfang,
ebenso das Solo.

Der langsame Satz bringt einmal das Solo als Anfang, einmal das Tutti; im ersten Falle haben Klavier und Orchester
nur ein Thema, im zweiten Falle je ein selbständiges. Der
langsame Satz besitzt ferner fast immer einen Zwischenteil in
der jeweiligen moll- oder dur-Parallele. Die Solostimme läuft
jedesmal in Figurenwerk die Solostimme umrankend aus.

Das Schlußrondo beginnt regelmäßig mit dem Solo, dessen
Thema durch das Tutti wiederholt wird. Die Refraingruppe,
die stets vom Tutti dargestellt wird, besteht in einigen Fällen
aus dem Thema selbst. Das begleitende Orchester besteht bis
op. 40 (concert militaire) aus dem Streichquartett, zwei Hörnern,
zwei Oboen. Die Klarinetten kommen nach op. 40 auch noch
im G-moll-Konzert op. 50 vor. Die Beteiligung des Orchesters
ist zweifach, zunächst selbständig als Tutti Vor- und Nachspiel,
sodann als Begleitungskörper. Als letzterer fungieren nur die
Streicher, die meist nur eine Unterstützung der harmonischen
Grundlage geben.

Das zweite Thema setzt ohne Begleitung vom Soloinstrument

allein vorgetragen ein, sonst sind die Stellen ohne jede Begleitung
selten. In den ersten Konzerten nehmen die Zwischenspiele des
Orchesters noch einen größeren Spielraum ein, während in den
letzten Konzerten die Zwischenspiele des Orchesters sehr knapp
gehalten sind. Im langsamen Satz wird die Begleitung mit
wenigen Ausnahmen ohne Hörner ausgeführt. Das Schlußrondo
läßt nur ganz knappe Tuttizwischenspiele zu, in op. 50 begegnen
wir blitzartigen Streiflichtern des Orchesters. Auf den Mannheimer Einfluß ist bereits an den einzelnen Stellen hingewiesen
worden. Dusseks Konzerte bilden in der Verbindungskette
zwischen dem alten Cimbalkonzert und dem modernen Klavierkonzert ein förderndes Mittelglied. Wie eingangs erwähnt, zählen
sie mehr zu der süddeutschen Richtung, die ein bewußtes in den
Vordergrund stellen des Soloinstrumentes erstreben.

Von den Klavierkonzerten für zwei Klaviere war leider nur
das op. 63[1]) zu erlangen. Stimmen waren auch hierzu nicht
vorhanden. Wie aus der Klavierstimme hervorgeht, weist jedoch
das Orchester Klarinetten auf. Diese Klarinetten nehmen sogar
noch eine Art als zweites Soloinstrument für sich in Anspruch.
So bringt z. B. die Klarinette im ersten Satz mehrfach folgendes Solo: (159)

Dussek griff hierbei auf die Manier zurück, ein bestimmtes
Orchesterinstrument als Soloinstrument zu benutzen. Er wird
hier vielleicht bei dem in gewisser Weise mit Haydn verwandten
Leopold Hoffmann Anregung gefunden haben, der das Oboe im
Konzert als zweites Soloinstrument zu benutzen pflegte.[2]) Mit
der Heranziehung eines zweiten Klaviers hat Dussek auch den
thematischen Inhalt der Sätze erweitert. Nach einer Tutti-
einleitung mit selbständigem Schluß in der Tonika beginnen
beide Instrumente gleichzeitig das Solo, das zweite Thema (160),
das nach dem 7. Takte vom ersten Klavier wiederholt wird. Es
folgt eine kurze, 8 Takte lange Ausweichung, worauf der erste
Teil wie regelmäßig in der Dominante (F) schließt. Der übliche
Schlußtriller ist hier im zweiten Klavier zu 7 langen Takten aus-

---

[1]) Königl. Bibliothek Berlin.
[2]) Daffner, Klavierkonzert bis Mozart S. 16.

gedehnt worden. Die Durchführung beginnt damit, daß das Tutti zunächst von der Dominante nach Des-dur moduliert. In dieser Tonart beginnen beide Instrumente ihr Solo, wenden sich nach F-dur, A-moll, A-moll, dann geht es auf folgenden Pässen nach Fis-dur:

$$\wedge\, 7 \quad 6 \quad 6 \;\#\; 5$$
$$\text{e} \quad \text{h} - \text{e} - 4 - \text{a} - \text{fis} -$$
$$\text{h}$$

Nach einer nochmaligen zehntaktigen Ausweichung nach H-moll kommen wir wieder nach B-dur zurück, obwohl auch die Grundtonart durch die vielen Modulationen kaum zu erkennen ist. Die Anlage des Satzes ähnelt sehr der in den großen Sonaten (op. 70 Le Retour). Auch hier haben wir mehrere Themen, die außer dem „ersten" und „zweiten" Thema eine Rolle spielen, z. B.: (161, 162).

Der dritte Teil wird durch das Tutti begonnen, das eine kurze pp Wiederholung des Anfangs bringt, hierauf beginnen beide Themen das mit b bezeichnete Thema in B-dur. Auch Thema a erscheint nochmals. Der Schlußtriller hat sich im ersten Klavier bis zu 15 Takten (3—5 skalenartig) ausgedehnt. Ein kurzes Orchesternachspiel beschließt den Satz. Die Technik stellt sowohl an den ersten wie den zweiten Spieler ziemliche Anforderungen, z. B.: (163). Auch die Präzision in den Läufen muß bei der gleichzeitigen Beteiligung zweier Instrumente noch erhöht werden. Obwohl beide Klaviere einen reichen und interessanten Satz aufweisen, nimmt das zweite Klavier doch eine mehr untergeordnete Stellung ein.

Der langsame Satz (Larghetto sostenudo) weist in der Begleitung die Hörner auf, wie aus einer Stelle „Cornu soli" hervorgeht. Das Tutti bringt in einer kurzen Einleitung zunächst ein selbständiges Thema. Das erste Klavier beginnt sodann das Solothema, das nach einer dreitaktigen wiederholten Periode das zweite Klavier aufnimmt; dieser Vorgang wiederholt sich noch zweimal, dann gehen beide Instrumente auf Terzen zum Abschluß in der Tonika. Nun folgt wie in fast allen langsamen Sätzen der moll-Zwischenteil. Sehr hübsch ist die wechselseitige Führung der beiden Instrumente (164).

Bei der Rückkehr in die Haupttonart wiederholt sich der Anfang, nur ist jede Stimme mit Figurenwerk stark umrankt.

Das Schlußrondo ist eins der besten der Dussekschen Muse. Wir haben ein Hauptthema (a) und einen Nebengedanken in der Dominante (b), die sich abwechselnd zwischen beide Instrumente verteilen. Die Refraingruppe (RG) ist besonders gut erfunden und wirkt besonders durch die Mittel der Dynamik und Rhythmik „böhmisch" (165).

Die Form des Rondos ist diese: a (1. Kl.) — a (2. Kl.) — b — RG — Zwischenteil — a (m. 2. Kl.) — b — RG — Zwischensatz (Thema B-dur) — a (1. Kl.) — a (2. Kl.) — RG. Nachspiel beider Instrumente, in dem noch einmal das Thema b erscheint. Auch im letzten Satz sind beide Konzerte gleichwertig in bezug auf Thematik und Technik.

Robert Noske, Borna-Leipzig, Großbetrieb für Dissertationsdruck.

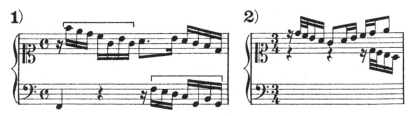

15)

16)

Aus dem Adagio des „2. Solo" 1786

17)

18)

19)　　　　**20)**

21)

22) (aus dem 1. Satz der Sonate Op. 43)

23) (aus dem Presto aus Op. 61)

24) (Sonate Op. 10, No 2, zweiter Satz.)

25)

26)

27)

28)

29)

30) (zweites Thema)

31) Op. 23. Hauptthema s. No 29 aus der Durchführung.

32) (Thema aus Op. 44)

33) (Aus der Ausführung)

sotto voce

34) (Thema aus Op. 45, No 3.) **35)** (Aus der Ausführung)

36) (Kenner u. Liebhaber. 3. Son. 1. Heft, 3. Satz.)

(Dussek Op. 45. No 2.)

6

37) (Kenner u. Liebhaber. 4. Heft, 1. Son.)

38) (oder: Kenner u. Liebhaber. 6. Heft, 2. Son.)

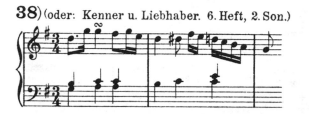

39)

40) Das Thema:
(Dussek)

(Bach)

41) (Dussek)

(Bach)

42) (Dussek die punktierte Viertelfigur.) **43)**

44)   **45)**

46) (aus Op. 35, No 2)

47) (1. Heft der Kenner u. Liebhaber. 6. Sonate.)

48) (z. B. aus der Sonate Op. 10, № 3.)

49) (Clementi)

(Dussek)

50) (Clementi aus Op. 8. № 1.)

(Dussek aus Op. 44)

51) (Clementi, Op. 8, No. 3. Takt 17.)

(Dussek, Op. 35, No. 3. Takt 44.)

52) (Thema der Sonate Es-dur Op. 10, No. 3.)

(Aus der Durchführung)

53) (Thema der B-dur Sonate Op. 23)

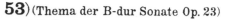

(Aus der Durchführung)

54)

55) (Clementi. Nachsatz aus Op. 10 № 3. Auch № 53)

(Dussek aus Op. 23. Auch № 53)

56)

57)

58)

59)

60)

61)

62)

63)

64) (Kenner u. Liebhaber. 1.Heft, 1.Sonate.)

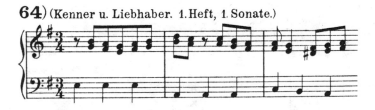

65) (Dussek, Op. 9. № 1.)

sotto voce

66) Kenner u. Liebhaber. 4. Heft, 2. Son.

Dussek Op. 35, № 3.

67) Clementi Op. 32, № 3.

Dussek Op. 35, № 3.

68)

69)

70)

71)

72)

73) (aus Op. 70)

74) (aus Op. 44)

75)

76)

77)

78)

79)

80)

81)

82)

83) (Clementi, Op. 7, № 3.)

(Dussek)

84)

85)

86)

87)

88)

89)

90)

91)

92)

93)

94)

95)

96)

97)

98)   **99)**

100) Andante.

101)

102)

dolcemente

103)

104)

pp

105)

cresc. -   -   - f

dim. p

106)

p

107)

108)

109)

110)

111)

112)

dolce

113)

114)

115)

116)

117)

118)

119)

120)

121)

122)

123)

Tutti.

Solo.

pp smorzando -   -   -   - f

124)

125)

126)

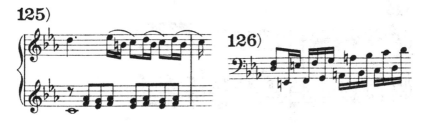

127)

128)

129)

130)

131)

132)

133)

134)

135)

136)

137)

138)

Klavier.

Viol. I.

Viol. II.

Viola.

Baß.

139)

140)

141)

pp

142)

143)

144)

145)

146)

147a)

148)

149)

150)

151)

152)

Solo.　Tutti.

153)

154)

155)

156)

157)

158)

33

159)

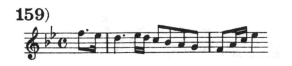

160)

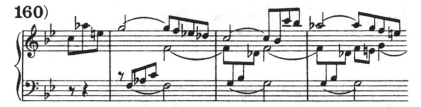

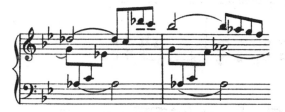

161)

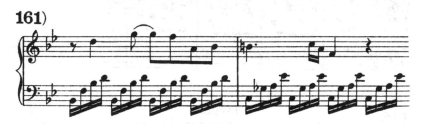

162)

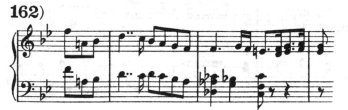

163)

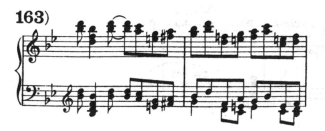

164)

165)

Lebenslauf.

Ich, Fr. Leop. Schiffer, bin am 28. Oktober 1890 als Sohn des 1896 verstorbenen Kaufmanns Jul. Rob. Schiffer zu Düsseldorf geboren. Mein Reifezeugnis erhielt ich zu Ostern 1910 auf dem Realgymnasium an der Rethelstraße zu Düsseldorf. Ich wandte mich hierauf zur Universität, um Musikwissenschaft als Hauptfach, Literatur und Geschichte als Nebenfach zu studieren. In Berlin hörte ich im Winter 1911/12 die Herren Professoren Kretzschmar, Friedländer, Fleischer. Meine übrigen 7 Semester (insgesamt 8) verbrachte ich in München, wo ich die Herren Professoren Sandberger, Kroyer, Schmitz, v. d. Pfordten, v. Heigel, Grauert, Muncker hörte. Allen diesen Herren an dieser Stelle meinen herzlichen Dank, ganz besonders Herrn Prof. Sandberger in München, der mir in liebenswürdiger Weise in meinen Studien zur Seite stand.

ML
410   Schiffer
.D96S3
1972   Johann Ladislaus Dussek

DATE DUE			